大家小书·译馆

Discours sur
l'origine et les
fondements
de
l'inégalité parmi
les hommes

[法] 让-雅克·卢梭　著

高煜　译　高毅　校

论人类不平等的起源和基础

北京出版集团
北京出版社

图书在版编目（CIP）数据

论人类不平等的起源和基础 / （法）让-雅克·卢梭
著；高煜译. — 北京：北京出版社，2024.1
（大家小书. 译馆）
ISBN 978-7-200-12701-0

Ⅰ. ①论… Ⅱ. ①让… ②高… Ⅲ. ①哲学理论-法
国-近代 Ⅳ. ①B565. 26

中国版本图书馆 CIP 数据核字（2016）第 313188 号

总 策 划：高立志 王忠波　　　责任编辑：王忠波
特约编辑：张锦志　　　　　　　责任营销：猫 娘
责任印制：陈冬梅　　　　　　　装帧设计：吉 辰

·大家小书·译馆·
论人类不平等的起源和基础
LUN RENLEI BU PINGDENG DE QIYUAN HE JICHU
[法]让-雅克·卢梭 著　　高煜 译　　高毅 校

出　　　版　北京出版集团
　　　　　　北京出版社
地　　　址　北京北三环中路 6 号
邮　　　编　100120
网　　　址　www.bph.com.cn
总 发 行　北京伦洋图书出版有限公司
印　　　刷　北京华联印刷有限公司
经　　　销　新华书店
开　　　本　880 毫米 ×1230 毫米　1/32
印　　　张　7.5
字　　　数　148 千字
版　　　次　2024 年 1 月第 1 版
印　　　次　2024 年 1 月第 1 次印刷
书　　　号　ISBN 978-7-200-12701-0
定　　　价　45.00 元

如有印装质量问题，由本社负责调换
质量监督电话　010-58572393

总　序

"大家小书"自 2002 年首辑出版以来，已经十五年了。袁行霈先生在"大家小书"总序中开宗明义："所谓'大家'，包括两方面的含义：一、书的作者是大家；二、书是写给大家看的，是大家的读物。所谓'小书'者，只是就其篇幅而言，篇幅显得小一些罢了。若论学术性则不但不轻，有些倒是相当重。"

截至目前，"大家小书"品种逾百，已经积累了不错的口碑，培养起不少忠实的读者。好的读者，促进更多的好书出版。我们若仔细缕其书目，会发现这些书在内容上基本都属于中国传统文化的范畴。其实，符合"大家小书"选材标准的非汉语写作着实不少，是不是也该衰辑起来呢？

现代的中国人早已生活在八面来风的世界里，各种外来文化已经浸润在我们的日常生活中。为了更好地理解现实以及未来，非汉语写作的作品自然应该增添进来。读书的感觉毕竟不同。读书让我们沉静下来思考和体味。我们和大家一样很享受在阅读中增加我们的新知，体会丰富的世界。即使产生新的疑惑，也是一种收获，因为好奇会让我们去探索。

"大家小书"的这个新系列冠名为"译馆"，有些拿来主义的意思。首先作者未必都来自美英法德诸大国，大家也应该倾听日本、印度等我们的近邻如何想如何说，也应该看看拉美和非洲学者对文明的思考。也就是说无论东西南北，凡具有专业学术素养的真诚的学者，努力向我们传达富有启发性的可靠知识都在"译馆"搜罗之列。

"译馆"既然列于"大家小书"大套系之下，当然遵守袁先生的定义："大家写给大家看的小册子"，但因为是非汉语写作，所以这里有一个翻译的问题。诚如"大家小书"努力给大家阅读和研究提供一个可靠的版本，"译馆"也努力给读者提供一个相对周至的译本。

对于一个人来说，不断通过文字承载的知识来丰富自己是必要的。我们不可将知识和智慧强分古今中外，阅读的关键是作为寻求真知的主体理解了多少，又将多少化之于行。所以当下的社科前沿和已经影响了几代人成长的经典小册子也都在"大家小书·译馆"搜罗之列。

总之，这是一个开放的平台，希望在车上飞机上、在茶馆咖啡馆等待或旅行的间隙，大家能够掏出来即时阅读，没有压力，在轻松的文字中增长新的识见，哪怕聊补一种审美的情趣也好，反正时间是在怡然欣悦中流逝的；时间流逝之后，读者心底还多少留下些余味。

刘北成

2017 年 1 月 24 日

目　录

一

导论

勒赛克尔

让-雅克·卢梭：生平与著作

卢梭始终拒绝与现存政权做任何哪怕是表面上的妥协。

——卡尔·马克思《致施韦泽的信》，1865 年 1 月 24 日

一个平民

1750 年，正当第三等级中最进步的一部分人聚集力量准备向旧制度发动全面进攻的时候，让-雅克·卢梭发表了第一部重要著作：《论科学与艺术》。这个时期产生了一系列伟大的著作，它们在各个思想领域（哲学、自然科学、史学、伦理学、法学等）开创了一种新的世界观，从根本上动摇了以天主教为主要思想基础的封建专制制度。1748 年，孟德斯鸠的《论法的精神》和狄德罗的《关于盲人的书简》问世，同年，

布封的《博物学》第 1 卷出版。1750 年，《百科全书纲要》发表。1751 年，《百科全书》第 1 卷及达朗伯的《〈百科全书〉前言》问世，同时发表的还有伏尔泰的《路易十四时代》。

在这些标志着 18 世纪的大转折的年份里，文人的著述大都变得富于战斗性，至少那些最杰出的著作是这样的。这些著述表达了整个第三等级的各种要求。第三等级的人民被剥夺了一切政治权利，他们要奋起反抗封建制度，因为这种制度允许一小撮寄生虫靠榨取人民的血汗生活，同时也阻碍着生产力的发展和民族的统一进程。[1]

在 18 世纪 50 年代，第三等级中最进步的阶层开始起来反抗专制制度，反抗封建贵族，反抗教会这个压制一切新思想的主要堡垒。这场斗争一直延续到法国大革命爆发。

然而，第三等级并非一个匀质的社会阶层。

构成人口大部分的小农群众，背负着封建赋役和国王课税的全部重担。而大资产阶级则是包税人，他们从专制政体的税收制度中获利，也靠压榨人民生活。

在农村，受村社传统法规束缚的贫苦农民，与那些用资本主义方法经营土地的大农场主境遇迥然不同。他们在田间劳作之余，还要受商人的剥削：商人们将原材料分配给他们，他们在家里为商人们干活。

在城市，小手工业者敌不过手工工场的竞争。每逢歉收之年，大批的城市贫民因饥饿而死，而粮食投机商则大发横财。

这些利益的对立在尚未导致大革命时代的暴力冲突之前，

就已经在各种学说中反映出来了。

最高法院法官孟德斯鸠出身贵族，他本人就是封建大地主，与旧制度有着千丝万缕的联系，他在著作中企图把封建制度与资产阶级的愿望调和起来。

伏尔泰和百科全书派则比较激进，代表着进步的资产阶级的利益，坚决地与旧制度做斗争。伏尔泰本人和爱尔维修、霍尔巴赫都是些金融家和资本家。

他们的纲领顺应了历史的潮流，力求促进生产力的发展。在哲学上，他们中有些人最终走向唯物主义。他们认为，人类借助科学能够发现事物的本质，促进文明，保障他们的世俗幸福，并相信人类的进步势不可当。但是在政治上，尽管他们为了反对专制制度，有时会对民主的观念表示支持（参见《百科全书》中狄德罗撰写的"政治权威"条目[2]），却不能把他们看作民主主义者。他们宽厚仁慈，希望能够保障人民幸福，但这不应是人民这些"没有智慧、没有理性"（霍尔巴赫语）的下等人自己的事。身为资产者，他们对这些不安分守己的群氓是怀着戒心的，认为建立理性王国是少数几个明智之士的职责。

但是，正如恩格斯所说，"这个理性王国，不是别的，正是资产阶级理想化的王国"[3]。世袭贵族不得不被金钱贵族所取代，而进步只能靠对人民群众的剥削来获得。小资产阶级虽然能与大资产阶级团结一致反对旧制度，却毫无理由去让资本主义发展而使他们自己破产和被剥夺。他们没有从封建剥削中得到任何利益，受旧制度之害更深，因此他们很容易接受民主思想。

但是，小资产阶级提不出有价值的经济纲领，他们牢牢抓住历史注定要其灭亡的小私有制不放。他们实际上能用什么代替旧制度呢？他们的愿望以空想的形式表现出来，即建立一个平等的王国，其中所有公民都是小业主。这种梦想与不可阻挡的经济发展相悖，因此他们只能徒唤奈何。他们确实从进步的历程中看到了一种倒退，那正是他们自己的倒退。他们用疑虑的目光看待科学这种进步的工具的发展，对理性这种科学的武器也不能完全予以信任。[4]

我们应当从这个角度来确立卢梭这部著作的地位：他向小资产阶级大众提供了思想体系。与百科全书派相比，卢梭表现得更加激进，同时又更加谨小慎微。虽然他在政治上要坚定得多，深刻得多，但在哲学领域里却远远落在百科全书派中最进步人士的后面。这是他的著作中内在的深刻矛盾，个中缘由，并不是他的天资不足，而是他所代表的小资产阶级本身就处于矛盾的境地。

成长时期（1712—1750）

1712 年，卢梭出生于日内瓦。但如果仅把他看成一个日内瓦人，只为日内瓦人写作，就不免会曲解他的著作，并低估其影响。

卢梭属于法国，这主要不是因为他是 16 世纪法国新教难民的后代，而是因为他受到的是道地的法国教育，并在法国的文学、思想和政治生活中发挥了巨大的作用。

但是，他的日内瓦渊源又对他的著作产生了一定影响。他出生于一个加尔文教派的家庭，也就是说，出生于一种比天主教更注重个人，更具理性而且更庄重朴素的宗教氛围中（根据马克思的见解，宗教改革是资产阶级革命的第一次浪潮）。更重要的是，日内瓦是一个共和国。而卢梭后来身为法国国王的臣民，却毕生为自己出生于共和制度下而感到自豪，而他平生所拥有的唯一称号就是"日内瓦公民"。至于这个共和政体实际上只是一个富人的寡头政治集团，所有权力属于一个二十五个人的小议会这一情况，在这里，对于我们来说是无关紧要的。"天生的共和主义者"这一事实，有助于卢梭意识到他在当时的法国中的新颖独特之处。

他的父亲是一位钟表匠，他的家庭是一个小资产阶级家庭。卢梭没有认为自己出身于赤贫阶层。他在《忏悔录》中告诉我们，他出身于"一个习俗不同于民众的家庭"[5]。不过，他本人很快就被托付给民众，融合到民众之中。

他父亲富有浪漫精神，是个变化无常的人。父亲一边修理钟表，一边让七岁的让-雅克读感伤小说，但也读普鲁塔克的《名人传》，此书自 16 世纪以来成了所有共和主义者的公民责任感教科书。父亲在一场诉讼之后离开了日内瓦，从此不再照管让-雅克这个一出世就失去了母亲的孩子。

让-雅克在朗贝西埃牧师家寄养了两年,并开始学习拉丁文。这也许是他仅有的在别人指导下进行的正规的学习。后来被送去学手艺,跟一个雕刻匠待了两年。在那个时代,学徒的境遇是最凄惨的。[6] 让-雅克常常挨打受辱,他用孩子的办法来自卫,如撒谎,偷东西。在一个晴朗的天气里他逃了出来,过了十三年的流浪生活,什么活儿都干过,备受磨难。他成为一位年轻女人华伦夫人的被保护人,后来又成了她的情夫。这个女人是个没有道德准则的冒险家。似乎是为形势所迫,他皈依了天主教。他当过仆从;他教授音乐,虽然那时他还只是个门外汉。他跟随在华伦夫人左右,先是在安讷西,后来在尚贝里。其间他阅读了大量书籍,通过自学有条不紊地完成了学业。

1740年,他在里昂做了德·马布利先生家孩子们的家庭教师,这位马布利先生是哲学家孔狄亚克和加布里埃尔·马布利的兄弟。之后,他揣着一份乐谱草稿来到巴黎,指望依靠它获得成功。但是,乐谱交给科学院后却石沉大海,杳无音信。

他结识了与他同样无名的年轻作家狄德罗,并被介绍进了沙龙,主要是金融家萨米埃尔·贝尔纳的女儿杜潘夫人的沙龙。由于一直在教授音乐,最终他竟然学会了音乐,并写出了一部歌剧《风流诗神》。但是所有这些并不能维持他的生计。再度陷入困境后,他接受了驻威尼斯大使秘书的职位并为其服务了一年半。就是在此时,他开始对政治问题产生兴趣,构想了他《政治制度论》的最初框架,但这本书他只是写出了绪论部分，即《社会契约论》。后来他与大使产生不和，遂回到巴黎，此后便一直定居在这里。

一开始，他以音乐家和剧作家的面貌出现，与伏尔泰共同创作了一部歌剧《拉米尔的庆祝会》，同时还担任了杜潘夫人的女婿弗朗科依先生的秘书。此时，他与一字不识的客栈女佣泰蕾丝·勒瓦瑟同居，他们后来一共生了五个孩子，这些孩子一个个都被他送入育婴堂。

他在哲学家中间广交朋友。除了狄德罗和孔狄亚克这两位至交外，他还结识了出身于金融家家庭的埃皮奈夫人，后来又结交了格里姆。

1749 年夏天，狄德罗被囚禁在樊尚的城堡主塔中。卢梭徒步去樊尚看他，准备与他共度一个下午。就在此时，卢梭读了一份《法兰西信使报》，碰巧看到了第戎学院一道征文竞赛题：科学和艺术的进步是败坏风俗，还是淳化风俗？

一读到这个题目，我就像看到了另外一个世界，我也变成了另外一个人。[7]

在准备获取名望的时候，卢梭究竟是怎样的一个人呢？

整个 19 世纪和 20 世纪上半叶，多数评论家都在揭露卢梭身上的各种弱点和缺陷。他们指责说：他反复无常，摇摆不定（如先从新教改宗天主教，复又从天主教皈依新教）；他与不时给他资助的华伦夫人关系暧昧（一边称她妈妈，一边又做她的情夫，有段时间还与花匠克罗德·阿奈共同占有她）；尤其是他抛弃自己的孩子，这是这位教育学论著作者令人难以容忍的罪过。

最宽容的或最恶毒的评论家都把所有这些弱点和缺陷归咎于他的神经疾患，说"他是个疯子"，这是贬损一位最伟大的民主思想鼓动者的最佳手段。

所有这些批评并不全错，让-雅克一生中是患了一种影响神经系统的疾病，但只是到老年才出现精神失常的症状，仅仅是间歇发作，且大多是在遭到迫害时才发作。把写出了像《论人类不平等的起源和基础》、《爱弥儿》以及《社会契约论》这些思路清晰的著作的作者说成疯子，这是愚蠢的恶意中伤。

确实，卢梭年轻时给人的印象是一个生活漂泊不定、放荡不羁的人，但要想到这是在一个无人教养的孩子身上发生的，而这个孩子很小就受到社会的压迫。令人惊讶的是，这个很有可能穷困潦倒一生的青年，却成功地自我养成了如此坚强的个性。我们不会原谅弃婴行为，但也不应该用当今的观念来评判这件事。弃婴在18世纪是一种风气，连贵族也这样做。达朗伯就是汤森夫人的儿子，被丢弃在教堂的门廊里，这早已是公开的秘密。

泰蕾丝·勒瓦瑟一家都要靠卢梭一人负担，他经济非常拮据，因此他像许多人一样抛弃孩子，理由要比汤森夫人充分得多。卢梭的弃婴行为之所以显得很严重，是因为他后来试图用一种新伦理来抵制贵族的伦理。不过他在抛弃孩子时，还不曾想到这个问题。到了晚年，他似乎在为这种行为深感内疚。此时的卢梭显得像是一个受害者，而不是一个罪人。

至于所谓的反复无常，其实完全是他的荣耀。他是个感情容易冲动的人，受不了任何束缚。他受到的压迫比其他一切人都重，因此当有人侵犯他的自由时，他便愤然出走，故而他的生活总是漂泊不定。他宁愿受穷，历险，也不愿过经过粉饰的奴役生活。在他身上最深的莫过于对自由的热爱。他希望充分保持自己的个性，即享受生活自由、情感自由、思想自由。如果他认定了一条对人类有用的真理，他就会坚持到底，哪怕为此牺牲财富、职业乃至个人的安全。即使整个世界上只有他一个人这样看，他也不会改变自己的观点。

对他而言，他的流浪生活是其同时代作家所没有的特殊经历。在颠沛流离之际，他感受到了民众的苦难，[8] 他亲身体验了依靠他人施舍过活的人的屈辱。

他学会了爱人民，在他们中间，他永远感到亲切适宜。

与此同时，这个由艰苦生活磨炼所造就的人，找到了通过自我的努力获得高尚文化修养的方法。的确，他的学识不如狄德罗那样渊博，因为狄德罗在科学上的钻研要深得多；但是卢梭同样有一颗百科全书般的头脑，他的著作题材广泛、写作体裁多样即可证明这一点。他的作品涉及音乐、戏剧、诗歌、化学、植物学、语言学、政治经济学、法律、教育学、小说等。他的这些学问都不是从学校得来的。他没有受过学校的训练，他是一个自学者，且智力出众，能得心应手地运用所学知识，并习惯于对各种思想进行评判。

这就是 1741 年出现在巴黎沙龙里的那个卢梭。可以肯定，他是在年轻人雄心的驱使下去那里的。巴黎是当时的文化首都，而且正是巴黎的沙龙在制造人的声望。一个平民出身的作家和艺术家，如果没有沙龙的大力推荐，就没有任何成名的希望。只有在那里，有才华的作家才能遇上为其提供生活来源的有钱的资助者，才能碰上热情好客且富有影响力的贵妇人。不少人，如马尔蒙泰尔、格里姆，还有后来的博马舍，都是在沙龙里发迹的。让-雅克为何没能这样呢？他以前对巴黎沙龙的贵族并不抱任何偏见，在他青年时代的著作中也找不到对沙龙显贵们心存敌意的迹象。

然而，自从和那些沙龙显贵接触之后，卢梭便开始憎恶他们了，他的那种"病态的敏感"也逐渐养成了。他对贵族阶层日益增长的敌意，肯定与他的个性有很大关系。一个人要想在沙龙里引人注目，必须具备一些特殊的素质，如举止从容得体，说话妙语连珠，在讨论重大问题时能够举重若轻，机智风趣，等等。卢梭却生性腼腆，不够灵敏，不善言辞，只会待在僻静处独自写作，而且在争论问题时过于严肃，爱钻牛角尖。总之，人在沙龙时应该像伏尔泰，可他就是让-雅克·卢梭。但深层的原因仍在阶级地位方面。贵族和大资产者在沙龙中骄奢淫逸的生活是以人民的贫困为代价的，而卢梭觉得自己就是人民的代表。霍尔巴赫男爵有一天问卢梭为什么对他这样冷漠，卢梭答道："您太有钱了。"[9] 这些富人都缺乏良心，虚伪做作。

> 在人民中间，强烈的激情只是时而表露出来，常常表露出来的是自然的情感；而在上层社会，这种感情完全被窒息了，向来只有披着情感伪装的利益或虚荣心在大行其道。[10]

换了别人就可能要卑躬屈膝，曲意逢迎了，而卢梭的天性就在于他要挺直身子做人。人们想把他造就成沙龙人物，造就成一个小伏尔泰，可是办不到！他就是要做让-雅克·卢梭，一个日内瓦公民。这个社会为某些人带来了荣华富贵，为大多数人带来了苦难，并为一切人都带来了不幸，卢梭要揭露的就是这一真相。

学说的酝酿（1750—1762）

《论科学与艺术》一文在第戎学院获奖后，立即引起巨大轰动。随之而来的是一场旷日持久的笔战。许多作家，包括波兰国王斯达尼斯拉斯，都参与进来与卢梭辩论。卢梭积极抗辩，争论一直延续到第二篇论文的发表。卢梭的论敌企图使他名誉扫地，他们以马尔蒙泰尔和莫尔莱的《回忆录》为凭，断言他的论点受到狄德罗的启发。据称，卢梭将应征第戎学院的论文提纲交给他的这位朋友看过，他在其中承认科学与艺术的确能淳化风俗。喜欢研究奇谈异论的狄德罗读后告诉他，此论断过于平庸，当标新立异，并即兴提出了一些富有才智的论点，让卢梭去展开论述。这些流言根本经不起推敲，而且它不仅侮辱了卢梭，也侮辱了狄德罗，把他们两人都说成是沽名钓誉的江湖骗子。他俩为了热爱真理做出了大量的个人牺牲，理应得到另一种名誉。认为卢梭会把他的整个一生押在一个朋友提出的奇谈异论上，这实在是一种毫无道理的猜想。狄德罗从未肯定过马尔蒙泰尔的说法，相反，他在《驳〈论人〉一书》一文中明确地说：

> 卢梭做了他应当做的事情，因为他就是他；而我什么也没做，或者说我做的是另外一件事，因为我就是我。[11]

狄德罗在《塞内卡传》一书中的下述说法看来不会假。当卢梭说出他要参加征文竞赛的意图后，狄德罗鼓励道，"不要犹豫，你肯定能独树一帜的"。[12]狄德罗实际上已揣摩到卢梭对征文竞赛的应答内容，他对卢梭的思想倾向是了解的。

这是卢梭的第一篇论文，它使卢梭一举成名；不过，这还不是他的代表作。没有文人的虚荣心的卢梭自以为这是他最差的著作之一：

> 在出自我笔下的所有作品中，这篇文章说服力最弱，文句也最缺乏和谐和匀称。[13]

这只是一篇辞藻考究的道德说教文章，它的意义却至关重要，因为卢梭的全部学说的萌芽都已包孕其中。

卢梭断言科学与艺术的进步使道德沦丧，这种观点与哲学家们普遍所持的观点是截然相反的。[14]当时，《百科全书纲要》正在对科学高唱颂歌，认为科学必能按照理性的要求来重建社会。可是卢梭却偏偏看出，艺术与科学越是发展，社会在智性方面越是显得灿烂辉煌，世风就越是江河日下，人民大众就越是不幸。这些论断与百科全书派的思想相去甚远，而且，由于这些论断仍然只具有伦理道德性质，因此我们可以从中看到大量的基督教语汇。这无疑就是卢梭在第戎学院获奖的原因。但在随后的笔战中，卢梭这第一篇论文尚未阐明的有关社会方面的内容就逐渐明朗起来了，这在他的《致波兰国王的信》中表现尤为突出。在这封信里，卢梭指出：文化是为腐化堕落的贵族服务的，贵族的奢华是建立在民众的苦难上面的，一些人富裕造成了另一些人的穷困。在以往的历史上还从未有人提出过这一看法。这里，卢梭批判的不仅是封建社会，而且是一切以财富不平等为基础的社会。

从此他便找到了他的道路。他没有立即与这些哲学家断绝往来，因为使他与他们分道扬镳的冲突尚处在潜伏状态。达朗伯在《〈百科全书〉前言》中，格里姆在《文学书信集》中，对他的这篇论文都只限于提出善意的批评。卢梭仍在为《百科全书》撰稿，编写了有关音乐的那些条目。1755年他又提供了《论政治经济学》一文。在这篇文章中，他的论证更加深入，并从伦理道德方面转向了政治方面。他与狄德罗仍然保持着非常密切的联系，这说明狄德罗是他最亲密的朋友。狄德罗和卢梭一样，也是个小资产者，也曾长期过着波希米亚式的文人生活。

但是卢梭渐渐远离了沙龙。他开始了他的"精神改造"，决心像一个小手工业者一样独立自主地生活。这位大文豪得靠抄乐谱来维持生计，抄一页只能挣十个苏。他堪称严肃刻苦、淡泊名利的典范。正是他个人生活上的这种自尊，使他赢得了小资产阶级群众的爱戴。正是这种自尊心，加上他的著作，激励了伟大的雅各宾党人马拉和罗伯斯庇尔及其同道们。

1752年，卢梭的一部喜歌剧《乡村卜者》被搬上舞台，紧接着他的另一部喜剧《纳尔西斯》也获得公演。《纳尔西斯》的序幕鲜明地表述了他的第一篇论文的思想观点。他拒绝接受国王为褒奖《乡村卜者》演出成功而赐予的年金。

1753年，卢梭再次应征第戎学院的征文竞赛，撰写了第二篇论文《论人类不平等的起源和基础》（以下简称《论不平等》，后面我们就要对这篇文章专门加以分析）。随后他去了一趟日内瓦，在那里，他又皈依了加尔文教。

卢梭对巴黎的生活感到厌倦，于是接受了埃皮奈夫人的安排，住进她在舍弗莱特堡花园中的一间被称作隐修斋的园丁住房。就是在这里，他与百科全书派的矛盾日趋激化。批评家大多用一些个人原因来解释这次决裂，如卢梭的敏感、多疑和强迫性躁狂症，狄德罗的冒失行为以及格里姆的阴谋诡计。这些微不足道的事件很可能把当事人的思想意识方面的深层原因掩盖了。但是批评家的天职就是排除流言蜚语，以找出他们之间冲突的真正根源。这种冲突实际上是意识形态上的冲突。卢梭代表广大民主派群众的利益。民主派群众更具革命性，但他们没有一个积极的经济纲领，只是躲避在空想中。而百科全书派中的激进派（狄德罗和霍尔巴赫）和温和的一翼（伏尔泰）都提出了资产阶级的进步纲领。

1758 年，卢梭与埃皮奈夫人绝交，搬到蒙莫朗西的一所小房子里去住。这段时期是他一生中作品最多的时期。

首先发表的是《致达朗伯论戏剧的信》，这封信促使他与《百科全书》彻底决裂。他在信中并没有反对一般的艺术，也没有不加区别地反对一切戏剧。他多次表明他相信，如果社会制度不再以社会不平等为基础，艺术确实能有益于道德。艺术应当有道德和政治的内容。他之所以攻击古典戏剧，是因为他从中只看到贵族艺术。这种观点有失偏颇，但是为了开辟通向人民艺术的道路，这种偏颇也是必要的。信的末尾提出了一项关于人民和公民节日的规划。后来在大革命时期，人们采纳了这个规划。由大卫颁布的重大革命节日都能从卢梭的著作中找到根据。

1761 年和 1762 年，卢梭有三部最重要的著作相继问世：《新爱洛绮丝》、《社会契约论》和《爱弥儿》。三部著作都具有教化的性质。在此之前，卢梭一直是在揭露以财富不平等为基础的社会中，他所处的时代的人类堕落的原因，现在，他把经过脱胎换骨的改造的新人展现在同时代人的面前了。《社会契约论》提出了一个平等的民主社会的原则。在那个社会中，人们成为受美德激励的公民，即都是爱国者。

《新爱洛绮丝》针对贵族的腐朽，提出了一种理想的资产阶级家庭美德，针对奸情和淫荡行为，倡导一种更圣洁的情感生活。

但是在当时那个时代，卢梭还深刻地感到，要创建一个比较美好的社会，就必须改造个人，为此，他在《爱弥儿》一书中提出了一种符合自然法则的教育方法。

这三部著作的思想相互连贯，前后呼应，好像在落实一项宏大的计划。

但是，卢梭思想中固有的矛盾，以及他所代表的那个阶级固有的矛盾，在这三部著作中随处可见，只要仔细分析一下就可以看出。但在这篇简要的传记里，我们只想指出这三部伟大著作各自的历史意义。

《社会契约论》是一部关于政治权利的论著，抽象难懂，枯燥乏味，但它是一部宣扬主权在民原则的最深刻最透彻的著作。每个公民要确保自己的自由，就要服从公意的最高指挥；这种公意，只表达人民的意志。卢梭把主权者，也就是公意，与负责执行法律的政府区分开来。然而，这里产生了困难，因为卢梭仍然受着资产阶级思想的束缚，不考虑消灭私有制。既然存在着富人和穷人，那么又怎能防止富人攫取政府的权力、违背公意呢？这个难题靠资产阶级思想是无法解决的，于是卢梭就只好借助空想来脱身了。他宣扬财富的平等，赞扬各种阻止工商业发展的反奢侈立法。他预感到这些手段可能软弱无力，最终便求助于一种国教来巩固他所构想的国家。

在法国大革命中的雅各宾党人看来，再没有比《社会契约论》更重要的著作了。他们把它奉为公民美德和爱国主义的教科书。也没有比卢梭的思想更远离世界主义的思想了。正是在《社会契约论》中，人们最清楚地看到了1789年以前的爱国主义与共和精神的密切联系。

另一方面，卢梭断言，既然所有公民都把全部权力托付给了主权者，那么为了维护自由，主权者应当拥有无限权力。这就为以后的雅各宾党人提供了推行革命恐怖政策的依据，当然，这是他始料未及的。

最后，《社会契约论》提出的公民宗教理论为罗伯斯庇尔创立对最高存在的崇拜提供了依据。

教育学论著《爱弥儿》曾起过进步作用，尤其是如果人们把卢梭的思想与当时的学校所实行的那种教育方法加以对照时，就更能看出它的进步意义。当时大部分学校都被耶稣会士把持着，直到1762年他们被驱逐之前都是如此。卢梭效法文艺复兴时期的人文主义者，要求个人在精神上和身体上都得到全面发展。他要求实行一种具体的教育方法，尽可能用直接观察事物来代替书本教育，科学将在其中发挥主要作用，理论必须与实践相结合。爱弥儿学了一门手艺，因为"我们将面临危机状态，革命时代就要到来"[15]，任何社会地位都不再是稳定不变的。这种教育方法所基于的原则是，应当发挥儿童的个性，尊重儿童的优良天赋，使他摈弃任何偏见，摈弃任何没有理性基础的传统观念。总之，应当把儿童培养成能够自主进行判断的人，这在大革命爆发的前夜是至关重要的。

但是，也许正是在《爱弥儿》一书中，卢梭思想上的矛盾和他好幻想的性格表现得最为彻底。首先，他要求教育方法具有培养新人的作用。这不过是一种空想，因为，由谁来培养新人呢？教育方法要具有革命性，首先应该教育教育者。我们在此发现了18世纪的哲学家们的唯心主义：他们认为是思想在支配世界，因此，要想改造社会，就必须先改造个人。

其次，卢梭想为社会生活培养出保留了自然人所有品质的人。为了使爱弥儿能够更好地抵御充满各种邪恶的社会的侵蚀，至少要让他与世隔绝地成长到十五岁。卢梭打算让爱弥儿成为一个更有教养、没有偏见，甚至能够为了自由而组织斗争的公民，就像我们在《爱弥儿》的续篇《爱弥儿与索菲，或独居者》[16]中所看到的那样，但同时他又能自食其力，不需要任何人帮助。

我们认为，卢梭此时正在资产阶级的公民爱国心与资产阶级的个人主义之间摇摆不定。公民爱国心后来在雅各宾党人的英雄空想主义中表现得淋漓尽致，而资产阶级个人主义则是在竞争基础上发展资本主义所必需的。卢梭在此彻底暴露出资产阶级的固有本性，他是无法超越这些矛盾的本性的，因为这种超越只能由现代无产阶级来实现。

《爱弥儿》一书中表露出的反社会的思想倾向，后来被反动思想家所利用，因为我们看到，直到现在，学校还不让儿童去了解社会生活。

此外，卢梭为了让爱弥儿摆脱偏见的影响，不让他了解人类社会经验的结晶——人类的文化。爱弥儿长到十二岁才获准读书，直到此时，才开始发展他的智力。从各方面来看，卢梭所谓的新方法实际上是朝着文化倒退的方向迈进，他就是这种教育方法的鼻祖。

因此，这部内容复杂的著作产生了双重的影响。它的功绩在于第一次花了很大气力提出关于儿童教育的问题，儿童被看作特殊的人，教育学的理论和实践应当在深层上去适应儿童。它为雅各宾党人的进步的教育计划（如勒伯勒蒂埃·德·圣法尔戈和圣茹斯特的教育计划）提供了依据，但是也为19世纪和现代教育学中的某些反动理论提供了依据。

另外，我们不能不提一下《爱弥儿》一书中的《萨瓦堂区助理司铎的信仰自白》（以下简称《信仰自白》）的重要意义，因为卢梭在其中阐述了他的宗教原则。卢梭相信灵魂不灭，认为冥冥之中有一个抑恶扬善的上帝，他能通过自然界的奇迹和直觉这种神圣本能来证明上帝存在。因此，卢梭是个自然神论者。从表面上看，他与同是自然神论者的伏尔泰思想相近，和伏尔泰一样，他否定各种教会所特有的一切神启、宗教仪式和教义，也认为他的宗教完全不需要神职人员。[17]我们不应该忽视这一点，即卢梭和其他哲学家一样，是反对教会这个封建主义的主要堡垒的。

其实，卢梭的自然神论的思想根源与伏尔泰截然不同。伏尔泰不承认唯物主义，其缘由之一便是他需要一个彼岸的上帝来监督人民，让人民俯首帖耳，并保护私有制。与此相反，卢梭则要求上帝是人民的抚慰者，能在冥冥之中为受压迫的人复仇，惩罚恶人，也就是惩罚富人。

> 要是没有上帝，现世的达官贵人、富人、宠儿们就非常高兴了；而对民众和受苦人来说，对来世生活的期待则是一种慰藉。[18]

要评价这个《信仰自白》的历史作用，不能光看其中简单的信条。可以肯定，由于卢梭保持了一种宗教信仰，使得自己更贴近当时的小资产阶级和劳苦大众，因为天主教在他们身上还保持着很深刻的影响。恩格斯曾强调指出，在法国，唯物主义起源于贵族，百科全书派则脱离人民群众。[19]此外，卢梭在与宗教达成妥协时，转移了斗争方向。斗争方向不再是理性反对宗教，而是人民——农民和小资产者，无论是信教的还是不信教的——反对贵族和富人。我们可以说，《信仰自白》中所孕育的正是罗伯斯庇尔的方针政策。罗伯斯庇尔很清楚地认识到，如果想消除人民群众的宗教偏见，就不可能把他们组织起来反对贵族。当时的吉伦特党人，大部分是无神论者，是百科全书派的信徒（如孔多塞），他们就是因为惧怕人民，才在革命斗争中败下阵来。

在这紧要关头，卢梭的自然神论起了重要作用。[20]

但是，我们仍然要说，在思想史上，《信仰自白》中所表达的思想与百科全书派的唯物主义相比是一种倒退。卢梭把精神上的信仰变成了人的"神圣本能"，也就打开了信仰主义的大门。还在卢梭生前，教会中就有少数人已经看出了卢梭这一思想是可资利用的。《爱弥儿》一出版，勒弗朗·德·庞皮良主教就称赞卢梭在基督教和启蒙哲人之间创立了第三派。正因为如此，马克思主义的导师们汲取的多是狄德罗及百科全书派的思想，而不是卢梭的思想。

《新爱洛绮丝》曾引起一场我们今天难以想象的罕见的轰动。这部书简体长篇小说标志着小说史上的一个转折点，而且，由于书中提出了各种各样的问题，因此几乎成了一部卢梭主义的百科全书。

它首先是一部爱情小说，是在卢梭步入老年时所遭受的情感危机中诞生的。他情不自禁地写出了这部小说，而该小说反过来又使他获得了一种出乎预料的地位。在他之前，小说这种文学体裁一直被认为轻浮无聊，只能供无所事事的妇女们消遣散心，登不了大雅之堂。在传统的道学家们看来，卢梭的这部小说错在过分宣扬了情欲，犯了诲淫的罪过。启蒙思想家们则指责它背离了真实。哲学家写小说本来就是件丢脸的事情（不过所有最伟大的哲学家都写过小说），何况这位哲学家以往一直在说他瞧不起文学。难道以"vitam impendere vero"（献身真理）为行为准则的人，还可以写一些虚构的东西吗？卢梭现在要走出这个死胡同了。他在这篇抒情著作中提出了一系列伦理问题和社会问题，把它写成了一部真正的哲学大全。但是爱情的浪漫故事也并未为此而牺牲。我们从中看到一个爱情的故事从发生到结局的全部发展过程。小说的主旨——"时间流逝似水"，由一篇篇言辞精妙的书简突显了出来。而且，书中的人物是以作者本人为原型创造的，都不乏哲学精神，因此他们在思考情欲时，都能阐明其中具有典型意义的普遍特征。这部爱情小说变成了一部论述爱情的小说。它拥有多重的观念资源，如书中人物在谈论爱情时，时而使用基督教和上流社会的话语，时而使用文雅的话语，时而又使用启蒙思想家恢复情欲价值的话语。不过，小说基本格调是悲观的，即时间销毁了一切，幸福不会长久，只有不感到满足，爱情才能持久。实际上，这正是朱丽不和她的恋人完婚的主要原因。

从小说的序言中我们了解到，这本书主要是写给乡村小贵族们看的。卢梭向他们指出，在大自然的怀抱中，一边过着纯洁的家庭生活，一边合理经营自己的土地，他们一定比城里人过得更加幸福美满。在这里，我们看到了小资产阶级的一个矛盾。因为即使是小地主，经营土地也是对家仆的剥削。小说中有一段对克拉朗领地一些经营方法的描写，那种典型的家长式剥削劳动的方法，会令某些现代资本家也自愧弗如。在这方面，小说中的有些观点在我们现在看来十分反动，但在当时却没有引起任何人的反感。这部小说的巨大成就首先要归功于其简洁而和谐的情节：它是第一部不再人为地把各种故事捏合到一起的小说。此外，作者充分利用了书简体小说的各种写作手段。书中有各种观点彼此对立的人物的插叙，这些人物的言论和作者的思想往往有差别，这常常会使读者感到捉摸不定，感到难窥堂奥，感到必须分好几个层面去解读。从这一点来看，《新爱洛绮丝》又是一部伟大的现代小说。在经过 19 世纪的长期冷落（这与大多数批评家的反卢梭思潮相应）之后，近几十年来，这部小说不可否认地又获得了新生。

晚年岁月（1762—1778）

《爱弥儿》的出版使卢梭遭到迫害。最高法院查禁了此书，并要逮捕他，他不得不仓皇出逃。巴黎大主教颁布训谕反对他，新教徒也不同情他。他在日内瓦也受到了谴责，于是便逃亡到讷沙泰尔州的领地莫蒂埃。

《爱弥儿》的出版标志着卢梭教化式作品的终结。他打算在余生中对他的全集重新做一次编订，生前不再添加任何新作品，并且要为后人写一本回忆录。事实上他已陷入一场复杂的纠纷，人们对他的迫害逼得他还得继续发表文章。他撰写了《致克里斯托弗·德·博蒙的信》，反驳这位巴黎总主教。他的雄辩才华在此文中又达到了新的高度。他在日内瓦受到的责难，在那里竟引发了长期的政治斗争。卢梭不满其同胞的行为，愤然放弃日内瓦公民的身份。这一行动竟使日内瓦的斗争达到了白热化的程度。他犹豫再三，才答应了"代表们"即民主反对派的请求，针对日内瓦当权者发表了《山中书简》。这篇文章使得整个欧洲的一部分舆论把他看成是一个危险的煽动者，说他要把他的祖国推入血与火的深渊。《山中书简》在海牙和巴黎遭焚。莫蒂埃的牧师们煽动居民反对他，他逃到比安湖上属伯尔尼州的圣皮埃尔岛上避难，但也立即遭到了该州议院的驱逐。

于是他接受了英国哲学家大卫·休谟的邀请，取道阿尔萨斯到达英国。但两人很快反目，卢梭回到法国，又开始了流浪生活。1770 年，经当局允许，他得以重新定居巴黎。此后，他深居简出，只允许少数几个朋友陪伴，而且对一切人都不信任。最后，他于1778 年在爱芒农维尔去世。当时，卢梭四面树敌，教会、最高法院、国王政要、哲学家都在反对他。但他的孤立只是表面上的，其实谁的影响都没有他的大，谁的崇拜者都没有他的多。波兰的爱国者请他为他们的国家制定宪法；此前，一些科西嘉人也曾请他为他们做过类似的事情。经常有一些陌生的崇拜者想闯进他的隐居地看望他。这位走投无路的隐遁者对舆论拥有一种其迫害者们所没有的影响力。他靠抄写乐谱维持生计，利用闲暇在巴黎市郊采集植物标本，同时大量写作。不过，他的作品的特点发生了变化：这以后他对人们的叙说，是要人们以他为榜样，并且竭力向后人为自己做辩解，驳斥别人对他的恶意中伤和不公正的评判。他的自传体著作有《对话录：卢梭评判让-雅克》、《忏悔录》和

《漫步遐想录》。《对话录：卢梭评判让-雅克》是一部奇特的著作，卢梭在书中表露出因强迫性妄想症产生的焦虑和恐惧的心情。

《忏悔录》不是卢梭的生平传记，而是他的精神生活、情感生活的纪实。这是一部心理分析的杰作，卢梭为自己辩护时言辞犀利雄辩，控诉敌人（往往并不公允）时感情激越奔放。这本书同时又是一部抒情著作，是世界文学宝库中最优美的抒情著作之一。卢梭是一位感伤文学、抒情文学的大师，这种文学在浪漫主义时代达到鼎盛。卢梭的个人主义有其积极的一面。在第三等级还在遭受封建主义的束缚、无权无势且备受侮辱之时，卢梭作为"个人"，却要表现他的不可替代的价值。他发现自己拥有无穷的精神财富，他向世人展现内心生活的宝库，展现个人本身的一切潜能。卢梭就是这样为人的解放而奋斗的。诚然，伏尔泰以及其他哲学家也在为努力推行人身神圣不可侵犯这一思想而斗争，但那还是一种抽象的观念，是卢梭使之着上色彩，获得生命，变得有血有肉。

继《忏悔录》之后是《漫步遐想录》，这部著作由于作者去世未能完成，由此书可以看出，作者的妄想症有所减轻了。其中某些篇章所包含的一些极为优美的散文诗，是18世纪宝贵的文学遗产。

卢梭与我们

卢梭的影响是多方面的。

我们在马克思的著作中找到一种关于卢梭主义的个人主义，尤其是关于自然状态神话的基本评价。马克思认为，在资产阶级社会中，劳动产品呈现商品的形式，其价值包含了社会关系。它们唯一的共同要素，就是生产这些产品所需的社会劳动时间，而人们能从生产者之间看到的最普遍的关系，就是可以在平等的基础上将他们的劳动进行比较。因此，资产阶级社会必定把人看成一个个自由个人，从纯理论上讲，这些自由个人都是平等的。个人是资产阶级的概念，是在历史的发展中产生的，是在商品生产的现实状态中产生的，卢梭却效法当时的许多思想家，为个人设想了一个虚构的自然状态。另外，卢梭在社会方面，和整个启蒙运动的哲学一样是唯心主义的。在《社会契约论》一书中，他没有充分考虑现实社会。他有时只愿考虑一些个人，有时又只愿考虑整个集体。他不容许存在任何由个人组成的敢于改变公意的集团。总之，他否认他的理想国中有阶级斗争存在，这就是一种不切实际的空想。我们可以从《人权宣言》中看到这种思想的结晶，它从卢梭那里汲取的思想比从其他启蒙运动思想家那里汲取的思想都要多。《人权宣言》中声明的权利多是理论的、抽象的。例如，它承认人人都有拥有财产的权利，却闭口不谈无产者被排除在外这一事实。

还应指出，就认识论的观点来讲，马克思主义的奠基者们与狄德罗及其朋友们的唯物主义的关系，较之他们与卢梭唯灵论的关系，要更接近一些。但他们的著作对卢梭的批判从来不带诋毁性质。人们常常不能认识到，马克思主义奠基者所批判的，主要是19世纪的资产阶级空论家和经济学家对卢梭思想的利用。意大利马克思主义者加尔瓦诺·德拉·沃尔普曾致力寻找卢梭和马克思之间的渊源关系，并特别强调两人都不主张平均主义的平等，这是很有道理的。他的这一立论的基础，主要就是《论不平等》一书。

卢梭的这部著作在法国大革命时期发挥了巨大的作用。它不是大革命爆发的起因，而是大革命的思想源泉。卢梭思想并不是像人们长期所认为的那样，在那些政治斗争中，仅仅为罗伯斯庇尔一派提供了理论依据、论断和语言。事实上，它也为包括贵族在内的所有党派提供了这些东西。

在这场大规模的阶级间的搏斗中，拒不承认阶级斗争存在的《社会契约论》并不是有效的武器，各派都能从各种极端对立的方向，根据各自的需要来利用它。但是不管怎样，作为《社会契约论》实质性内容的民主主义要求，后来对革命党人越来越有用，而反革命派则渐渐抛弃了卢梭。

卢梭对法国大革命的影响，不仅可以从他的思想得到解释，而且还可以从与他的思想密不可分的文笔得到解释。实际上，打动广大民主派的正是他那火一般的雄辩和他那震撼心灵的诗文。伏尔泰最喜欢的武器是讽刺，而卢梭最喜欢的武器则是雄辩，这种变化在大革命酝酿时期标志着一个新阶段的开始。的确，在1750年以前，讽刺在哲学家的著作中是占主导地位的风格，它具有摧枯拉朽的力量，极大地推动了进步事业的发展。它善于将封建制度和天主教的荒谬暴露于智慧的阳光之下。不过它有局限性，它只适合于宫廷中或沙龙里的人运用，而这些人知道了荒谬的所在，也只是一笑了之，这是因为决定性斗争的时刻尚未到来，还因为他们本身就是贵族或大资产者，能耐心等待。伏尔泰并不只是个爱好文艺的人，不是没有满怀激情地战斗过。1750年以后，他的讽刺鞭挞更加猛烈，但是他最能表达自己思想的不是雄辩。相反，卢梭的雄辩能抓住人心，他的听众是一些无法忍受压迫而且义愤填膺的人。他不仅能启发听众的智慧，他还能调动人的一切精神力量。在1789年，就是这种雄辩通过俱乐部和集会上的大演说家们的声音唤起了民众。

法国大革命后，卢梭的影响仍然很大。在他之后，人们不可能再像以前那样写作了。所有的浪漫派作家都以他为典范，如夏多布里昂、米什莱或拉芒奈。这以后还可以看到他对一些大作家的直接影响。托尔斯泰与卢梭有很多相似之处，他甚至自称是卢梭的追随者。罗曼·罗兰也是一位卢梭派，他的唯心主义哲学思想，他对人民、正义、和平与自由的热爱，都能说明他与卢梭的传承关系。

然而，卢梭激起的仇恨也一直延续到现代，世界上很少有作家受到反动批评家的侮辱有他那样多。1912年，在他诞生两百周年之际，又掀起了对他的新一轮攻击。

今天，反卢梭思潮在美国又有所发展。有人借宣扬"自由主义"之名，宣称卢梭是一切"极权主义"的创始人。但是我们很容易就能发现，自由的观念在卢梭思想中是占主导地位的，但他对自由赋予的意义与新生资产阶级的其他思想家所赋予的意义完全不同，因为只有卢梭清楚，在一切有富人和穷人存在的社会里，自由只是一个圈套。

三十年来，欧洲的反卢梭主义大大退潮了，并且涌现出不少杰出的卢梭主义者，他们的著作为卢梭的思想增添了新的光辉，使他得以与最伟大的经典哲学家齐名。反卢梭主义不过是一些脱离社会的空论家把早已被科学分析驳倒的论据捡起来，重新对卢梭进行攻击而已。但是现在他们不是正面攻击，而是歪曲他的思想，把它引向绝路。在一个唯利是图的社会里，包括在那些最富裕的资本主义社会里，人民大众感到生活越来越无聊，由此发生了一系列以"自然崇拜"自我标榜的运动，其中，嬉皮士运动就是最怪诞的一种。人们梦想过一种完全独立的生活，从事一种能重新与大自然直接接触的工作，并认为能在卢梭的著作里找到这方面的理论依据。可是，他们忘了卢梭曾经十分明白地断言，重返大自然是不可能的，人们应当生活在社会当中，履行公民的责任，运用各自的所有天赋努力治理好国家。既然我们知道，人类目前还只处在这样一个发展阶段，这时还常常发生对民主权利的侵犯，发生最野蛮的压迫和最血腥的屠杀，那么，卢梭这位自由民主的先知就依然是我们的伟大启示者，只是不应让他来解决他无法预见的各种当代的政治和社会问题。

论文介绍

论文的发表

我想起那是在 1753 年，第戎学院公布了"论人类不平等的起源"的征文题目。[21]我被这个重大问题深深吸引住了，没想到这所学院竟敢提出这个题目。不过，既然它敢提，我就完全有勇气来探讨它，于是我就开始动笔了。

为了能无拘无束地思考这个大题目，我到圣日耳曼做了一次七八天的旅行……我进入森林深处，在那里寻觅。我发现了洪荒时代的景象，于是大胆地描写了那个时代的历史。我戳穿了人们的卑劣谎言，我敢于揭露人的本性，追溯时代的进程和那些歪曲了人的本性的事物的演变过程，并把"人为的人"与"自然的人"进行比较，向人们指出，所谓人的进化乃是真正的苦难之源。我的灵魂，为这些卓越的沉思冥想所鼓舞，飞升到上帝的身旁。从那里，我看见我的同类像瞎子一样，正沿着他们的偏见之途朝前走，沿着他们的谬误、苦难、罪恶之途朝前走，我以他们难以听见的微弱之声向他们疾呼："丧失理智的人啊，你们老是抱怨大自然，却不知你们的一切苦难都是你们自己造成的啊。"

我就是根据这些沉思冥想写成了这篇《论不平等》。它比起我的任何其他作品都更合狄德罗的口味，而他为这部作品提出的建议对我也最有益，但它在整个欧洲只找到寥寥可数几个能读懂的读者，而就在这些读者中也没有一个想要谈论它。它是为了征文竞赛而写的，于是我就把它寄去，但料定不会获奖，因为我明白，学院不是为了这样的文章设置奖金的。[22]

这就是卢梭在《忏悔录》中叙述的写作《论不平等》的经过。他没有说错，他的文章没有获奖；1754 年初，学院把奖金授予了名不见经传的塔尔贝神甫[23]。卢梭不久便有了去日内瓦的机会，他于 1754 年 6 月离开巴黎。他已经把这本著作的献词提纲拟好，在路上完稿并注上在尚贝里的日期，6 月 16 日（原文如此，但后文卢梭献词的日期是 1754 年 6 月 12 日——译者注）。他起先打算请求日内瓦政府允许他将这份献词献给祖国，后来又因担心遭到拒绝而放弃这个打算。于是，他没有征求任何人的意见就把它发表了。他向国民议会即公民大会宣读了这篇献词。当时，执政官们正在与人民闹矛盾，想必对此感到不快。这篇献词"只是给我在国民议会中招来许多敌人，并在市民中招来一些嫉妒者"[24]。

在日内瓦，他结识了书商雷伊，此人后来成了他的出版人。尽管卢梭性格古怪，难以相处，但雷伊还是成了他忠实的朋友。1754年10月，雷伊接到《论不平等》的手稿，回到阿姆斯特丹，于1755年4月完成了这篇著作的印制。

雷伊获得马尔泽尔布的准许，于6月19日把书带进法国。到8月中旬，有一千七百本运到巴黎，由书商毕索发售。还有两百本寄往日内瓦。1759年和1762年，雷伊两次再版该书。甚至在作者生前，就出现了三种文字的非法译本。[25]

这篇论文挑起的笔战范围没有《论科学与艺术》那样广。《法兰西信使报》于1755年10月发表了《日内瓦公民菲罗波利的信》（夏尔·博内），卢梭立即对此进行了反驳。同年，伏尔泰于8月30日写的那封感谢卢梭给他寄书的著名的信也发表了：

> 还从未有人花这么大的气力要我们变成野兽哩！读尊著，令人禁不住想四脚爬行。

卢梭则抗议说，他根本没想到要人类回到野蛮状态。[26]

卢梭与他的前辈

这本书绝非即兴之作。1743 年，作者在威尼斯逗留时，就已经打算写一部关于政治制度的长篇大论。

从那时起，通过研究伦理学史，我的视野大大开阔了。我发现，从根本上说，一切都与政治有关，而且不管人们行事的方式如何，任何国家人民的面貌都不过是由其政府的性质所决定的。因此我认为，"什么是可能的最好的政府"这一重大问题，就归结成这样一个问题，即能胜任造就最讲道德、最有教养、最具智慧的人民的政府，总之是造就最好的人民的政府，其性质是什么样的？此处"最好"一词要取其广义。我又看出，这个问题还与另外一个问题紧密联系，即使两者之间是有区别的。这个问题就是，什么政府在性质上最接近法律？由此又产生一个问题：什么是法律？一系列这类重要的问题随之而来。[27]

这段话清楚地表明，长期以来，理论政治学占据了卢梭思想的中心位置。他读过政治学的经典著作，如亚里士多德的《政治学》、柏拉图的《理想国》，还有近代自然权利论者的著作。我们首先必须搞清楚这个学派的宗旨。

这个学派是在新教国家发展起来的，这些国家的大学开设了自然权利的讲坛。在天主教国家，政权依赖神权，其根据是圣保罗的一句箴言："无权不是神授。"人民是主权之本的看法是不被承认的。相反，自宗教改革以后，自然权利论者则重新拾起斯多葛学派的古老论断，把政治权利和神学分开，创立了以人民为基础的主权概念。

　　荷兰人格鲁特，又叫格劳秀斯，于1625年发表了《战争与和平法》（18世纪时，法国新教徒巴尔贝拉克出版了加注的法译本，并多次再版）。他设想了一种自然状态，在这种状态下，人人都自由平等，但是人们并不觉得幸福。后来或是迫不得已，或是出于自愿，人们接受了一种政治权力的统治。前一种情况可能是由一次武力征服造成的，但是如果被征服者宣誓服从征服者，就可以达到一种法律状态。在第二种情况下，人们通过协商，与由他们自己选举的统治权威达成一种服从契约，条件是统治权威必须遵从基本法。人民是主权之本，但行使主权的方式从完全民主的政体直到君主专制政体，各不相同。格劳秀斯本人偏爱后一种，他的门徒，德国人普芬道夫也是如此。普芬道夫写了《自然法与国际法》，皇皇八卷巨著，1673年，他又发表了它的节本：《人与公民的义务》。给他们的著作做过评注并宣传过他们的学说的法国人巴尔贝拉克和日内瓦人比尔拉马基（后者于1747年发表《自然权利原理》，1751年发表《政治权利原理》），后来都不再是专制主义者，尽管也没有变成民主主义者。他们都承认人民有反抗暴君的权利。尽管如此，卢梭还是在《社会契约论》（第2卷，第2

章）中指责格劳秀斯与巴尔贝拉克是被国王收买的代言人，负有"剥夺人民的一切权利"的使命，因为"真理是不会为人带来财富的，人民又不能给予大使职务、教授职位或年金"。

格劳秀斯的同时代人，《论公民》（1642）和《利维坦》（1651）的作者霍布斯（1588—1679），是一位思想深邃得多的哲学家。他从唯物主义的前提出发，创立了一种关于专制君主政体的新学说。他指出，在自然状态下，人对人就像狼一样——而亚里士多德之后的自然权利论者认为，人天生就具有社会性。人类为了避免灭亡于这种永久争斗状态中，就互相达成一种契约，不附带任何条件地把它托付给第三方，这第三方或者是个人，或者是议会，是凌驾于他们头上的绝对权威。于是国家就变成了一个怪物，一个"利维坦"，它拥有全部世俗权力和宗教权力；既然它的意志的表现就是法律，那么它就不会不公正。

霍布斯立刻招来了许多敌人，其中有君主专制制度的拥护者，因为霍布斯为这种制度提供了唯物主义的基础；还有君主专制制度的反对者，因为他为专制辩护。但是自17世纪中叶霍布斯的著作被译成法文后，还是对当时的法国产生了很大影响。波舒哀的书橱里就有《利维坦》这本书。由于霍布斯得出这样的政治结论，百科全书派显然对他怀有敌意，而卢梭在撰写《论不平等》时，与他的朋友们的意见是相同的。他的自然状态的概念与霍布斯截然不同，他反对人民会自愿投入专制君主的怀抱这种说法。但实际上他比自然权利法学家们更接近霍布斯。如果说"人对人就像狼一样"这句名言在自然状态下是错误的，卢梭认为在社会中就是正确的，而且他对造成社会中人的痛苦的各种情感的描写，有很多要归功于霍布斯。后来，卢梭重读了霍布斯的著作，更进一步发现了这位"迄今所有天才中最卓越者之一"的思想的深邃。与《论不平等》相比，《社会契约论》从霍布斯那里汲取的思想更多。这位思维缜密、反对妥协的天才，当然会引起卢梭的注意。

但是，卢梭在写《论不平等》时，从表面上看更接近洛克，而不是霍布斯。

霍布斯是英国的一个资产者，对 17 世纪中叶的专制君主政体心存幻想，而洛克（1632—1704）先是斯图亚特王朝的拥护者，后来又被他们流放了。洛克对暴君的仇恨因 1685 年南特敕令的撤销而更加强烈。1688 年，洛克与纪尧姆·德·奥朗日返回英国后，成了君主立宪制的理论家。虽然他才华远远不及霍布斯，但仍然成为当时与贵族达成了妥协的英国资产阶级的典型代表。在洛克的著作中，处处可见妥协。他承认神启，却又尽可能诉诸天然的理性。他反对为奴隶制度做辩护的理论，反对专制君主政体，承认人民起义反抗暴君的权利，却又创立了著名的分权理论，实现了君主政体与人民主权的妥协。他也承认有自然状态，但又认为：在这种状态下，人已经能够服从理性支配；个人已经拥有一些权利，其中包括建立在劳动基础上的所有权；通过订立契约而组成的文明社会将只以保障这些权利的运用为目的。由此看出，洛克是一位资产阶级自由主义的理论家。

洛克于 1690 年发表的《政府论》，18 世纪初由法国人科斯特译成法文。洛克享有极高的威信，伏尔泰曾大力宣传他，孟德斯鸠也从他那里获益良多，百科全书派推崇他为大师。卢梭也和他们一样，颂赞"贤明的洛克"。卢梭借用洛克的论据驳斥霍布斯，也就是反对专制主义。实际上，他与洛克思想上的对立已经很深，这种对立后来在《社会契约论》中暴露出来了。对立的主要方面在于，卢梭把自然状态和社会状态完全对立起来，从而使社会等级及其全部制度，尤其是私有制失去任何存在的天然依据；而洛克的全部努力就在于以自然权利为基础论证私有制的正当性。

卢梭当然也认识孟德斯鸠，但《论法的精神》对《论不平等》的影响并不大。况且，《政治制度论》打算按照柏拉图、亚里士多德、西塞罗的方法来论述一般法，即公共权利的原则，其目的与论述人为法的《论法的精神》完全不同。

《论不平等》包含了卢梭的全部心理学，与感觉论者孔狄亚克的心理学很相似。卢梭在 1743 年与孔狄亚克结交。[28] 1746 年，他帮助孔狄亚克发表了《论人类认识的起源》。他还了解孔狄亚克的《体系论》。尽管在他撰写《论不平等》时，孔狄亚克的《感觉论》（1755）尚未发表，但他肯定了解这本酝酿已久的著作中的论点。当然，我们不可能知道孔狄亚克实际给予卢梭的启发达到何种程度，我们只能证明他们的思想在许多方面是相同的。但是，提出这个问题绝不是怀疑《论不平等》

的独创性，因为孔狄亚克研究的是人类理性的发展，而且仅仅是在个体上研究，而《论不平等》则是贯穿一切社会来书写理性发展的真正历史。指出卢梭心理上的唯物主义根源还是很有意义的。出于别的什么原因，他曾在1756年着手准备撰写一部题为《感性伦理学或智者的唯物主义》[29]的著作，但这本书无疑在他与百科全书派彻底决裂时胎死腹中了。

百科全书派对《论不平等》也有影响，因为卢梭本人就说起过狄德罗的建议（见本书14页）。但是，要把这两位朋友各自的思想完全区分开十分困难。几百万年来人类在自然界中演化的基本观念，已经在《对自然的解释》（《思想录》第58条）[30]中得到阐述。狄德罗描写过"加尼巴尔人部落、霍屯督人部落中，类似于沙漠中、森林里的野兽"的人。[31]卢梭在论述爱情在人类演化中的作用时，可能注意到狄德罗的这些描述。但是狄德罗与卢梭有一个根本的区别，此区别就是以后发生冲突的根源。狄德罗认为，人是一种天生具有社会性的生灵，在社会建立之前，就已经过着群居生活，所以自然状态和社会状态并不是绝对对立的。

但是在1755年，狄德罗和卢梭大概都还没有意识到他俩之间的这种对立可能产生的后果。而格里姆在其《文学书信集》中对《论不平等》的分析多为颂扬之词。而在此时，格里姆表达的正是狄德罗的观点。

现在就来说说卢梭描述自然状态下的人是受谁启发的。这一描述并非完全是他的独创。早在奴隶社会，人类就已保存了对昔日那种人们生活得比较自由的时代的记忆。由此产生了关于和平安宁的黄金时代的主题，许多希腊和拉丁诗人都讴歌过那种黄金时代。[32] 卢梭至少读过拉丁诗人的作品，这里应该单独提一提他们中间的卢克莱修。他在《物性论》（V，925—1135）中描绘了蒙昧状态下人类的一幅鲜活动人的美丽画卷。那时的人比文明人更加强壮，而且总的说来，命运不比文明人悲惨。

在近代，"野蛮人是善良的"这一论题，自蒙田以来有所发展（见蒙田《随笔集》中的《论加尼巴尔人》，第 1 章，第 31 节），卢梭对此很清楚。我们说的是论题，而不是像某些人所说的那样是传说。因为，那么多水手、商人、传教士从野蛮人部落旅行归来，颂扬野蛮人的道德品质，贬损文明人的道德品质，总不会是出于一种集体的幻想吧。无疑，18 世纪的哲学家们利用了这些旅行家叙说的故事，并极力加以美化，以此证明没有基督教人也能行善，证明各种社会制度和政治制度都比他们所攻击的基督教更能保障人的幸福。在旅行家们所讲述的故事中存在这样一个相似之处，即他们描述了生活在原始共产主义社会的人的境况，在这些人身上，他们发现了现代社会已经看不到的美德。塔西佗和芬尼莫尔·库柏两人能有什么共同点呢？然而，人们在塔西佗所描述的日耳曼人身上发现的勇敢、献身集体等等美德，在芬尼莫尔·库柏所描述的易洛魁人身上也发现了。[33] 因此不能把 16、17 和 18 世纪的旅行家都看成没有头脑的人。他们的结论一定程度上在《论不平等》中重新出现了，这使文章具有更真实的基础。而且，由于那些提供了最有趣情况的旅行家，都是非常有教养的传教士，并无意于美化那些对基督教一无所知的野蛮人，因此他们的记述更加真实可信。

　　卢梭读过很多游记。他可能读过拉洪坦男爵的《北美回忆录》(1753)[34]。拉洪坦是一位军人，喜爱历险，对欧洲深感厌恶，于是来到印第安人中间。为什么欧洲人会堕落呢？按拉洪坦的话说，"那是因为他们的东西分你的、我的，他们有法律、法官和神甫……此外还有财产私有制……这些就是导致欧洲人的社会混乱无序的根源"（第3卷）。卢梭也读过迪泰尔特神甫的《安的列斯群岛纪实》(2卷本，1667)，他就是从这部著作中获得所有关于加勒比人的资料的。卢梭是否知道拉巴神甫的《美洲群岛重游记》(6卷本，1722)这说不准，但他知道拉·孔达米讷的《南美游记》(1745)和《奉国王之命厄瓜多尔之行日记》。卢梭尤其经常阅读《旅行纪实集》(1746—1770)，这是一部在普列服神甫指导下出版的鸿篇巨制，卢梭在《论不平等》出版后还曾读过它，因为在1782年版的《论不平等》中，可以看到他采用了新的资料，例如西班牙人科雷尔的游记，而科雷尔的游记只是在1757年才被普列服收进这部文集中。

　　卢梭读得最多的是布封的著作。布封是当时科学界的最高权威。卢梭读过布封的《土地论》和《人的博物学》(1749)以及《四足动物》的前几卷。在卢梭这篇论文的附注中，几乎所有关于人和兽的解剖学问题的讨论都是受布封启发的。卢梭尤其对《人的博物学》中的"人种的变异"一章感兴趣，而这一章就是布封根据卷帙浩繁的游记写成的。[35]

最后我们还要加上一句，在 18 世纪，关于人性本善的空想的描写是很多的。从费内隆的《特雷马克》一书中就能发现这类描写。费内隆描写了贝提克人民的田园牧歌般的生活，那里的人对私有制一无所知，并且享受着自由（第 7 章结尾）。而卢梭对费内隆是非常了解的，并且十分推崇他。

论文的写作方法

对于第戎学院征文题中提出的第二个问题，即这种不平等"是否为自然法所许可"，卢梭断然予以拒绝。因为他根本不赞同任何关于自然法的理论。我们应该知道，自然法这个概念并不是自然权利论者所特有的。按照古人柏拉图、亚里士多德、斯多葛学派及西塞罗在《论共和国》中的观点，世界上存在着一种符合自然的、永恒的、高于所有人为法之上的法。圣奥古斯丁和圣托马斯先后都重述过这种观点。因此这种观点不仅法学家有，基督教神学家也有。达朗伯在《〈百科全书〉前言》中把它当成自己的观点。因此，第戎学院是以一种一致意见为依据提出这个问题的。但是卢梭拒绝接受这种自然法观点，只是没有说出来而已。他不是否认这种自然法观点的存在，而是认为自然法的含义仍然不清楚，而且在自然状态下并不起作用。只是在文明生活中，当理性启发了人的意识时，它才对人起作用。这些近代作家，乃至卢梭的所有前辈，他们的失误之处就在于把一些自然人当成了学问高深的形而上学家，并让文明人置身于自然状态。卢梭则相反，他要找回人的真实本性，为此必须利用人类已经获得的也正是使自然人改变模样的那些智力手段，故任务更加艰巨。他的目标是在一种人类学的基础上创立政治学。在论文的序里，他认为人有两种原始本性，即自爱心和怜悯，自然权利的一切准则都是由此得出的，应该把人的社会性排除在外。而百科全书派认为，人的社会性是天生的以需要为基础的倾向。卢梭与他们相反，与霍布斯相同，认为人的需要使人们彼此对立，而不是使他们更加相互接近。他还批驳所有那些认为自然人具有理性的自然权利论者，认为他们所说的理性只是人的同情心而已。

从方法上看，文中有几处存在不好解决的问题。一开始卢梭就在序中说，自然状态"也许根本就没有存在过"（78～79页——指本书页码，下同），那么充斥第一部分的大量描写有什么意义呢？人们曾经对卢梭提出的陈腐的反对意见是："人只是一种在社会中生活的动物，而您却描绘一个孤独的野蛮人。"我们首先注意到，卢梭的这种写法就使得这种反对意见不攻自破了。这个孤独的人并不是真实存在的，这只是一个虚构，其作用犹如柏拉图式的幻想，让人通过想象来领会真理。自然状态是一条准则，可以根据它"对我们目前的状态进行适当的评价"（79页）。我们可以通过对社会的人进行观察来定义这条准则。接着卢梭又提出下面的问题："必须进行什么样的实验才能认识自然人？在社会中要进行这种实验需要采取什么方法？"（79页）。列维·斯特劳斯就根据这一段话，把让-雅克说成是人类学的奠基人。[36]他称卢梭是教导我们不用亲临野蛮人中间来研究他们状况的第一人，也是不从欧洲中心论出发来创立人类学的第一人。卢梭在注十中证实了这一点。他在这里批驳了那种认为各处的人都是一个模样的谬论。

因此，《论不平等》是要从社会人身上找出属于自然状态的本性的一种尝试。但是采用什么方法呢？第一个答案是自相矛盾的："把所有那些只教我们了解人类是怎样使自己变成这般模样的科学著作撇在一边。"（81页）然而，卢梭一面为旅行家的游记中科学价值少得可怜感到遗憾，一面却又大量利用它们。不过，从这些游记中只能了解到野蛮人，而不是自然人。卢梭这里说的著作似乎主要指关于自然权利的论著，因为这些论著说是描述自然状态的人，却让现代人置身其中。

卢梭的另一句话更令人惊奇："因此，首先让我们把所有这些事实撇到一边。"（86页）许多注释者解释说，卢梭指的是《圣经》中提供的事实。这可能是一种谨慎之词。这种解释确实有道理，但理由不充分。所有自然权利论者惯用的方法是，先对《圣经》表示一番敬意，接着就把含有历史真实事实的《圣经》故事用括号括起来，同时又把自然状态当作假说来研究。但是卢梭不仅要撇开《圣经》，而且要抛开全部历史事实。自然状态是一种理性的事实，是不证自明的。卢梭拒不依靠那些事实来确定权利，因为这种方法会导致为现存状态辩护，会得出君主主义的论断。他依照逆向推论的方法：根据像数学公理一样明确的权利来判定事实。卢梭回避历史，因为他认为人们在历史中加进了理性的内容，因而改变了历史。为此他打算"思考人的最初和最简单的精神活动"（81 页）。这也就是他"为了……思考这个大题目"而在圣日耳曼森林里所做的事情。尽管如此，他还是利用了从旅行家和布封的著作中所能找到的资料。

文章结构与意义

《论不平等》的第一部分全部用来描写自然人，第二部分则叙述文明人是如何出现的，文明人可以是公民，也可以不是。

卢梭所描述的自然人处在史前一个虚构的时代。从外表看，这个自然人是不变的，因为从生理上说，他完全适应他所处的状态。这是一个健康活泼的生灵，能够满足自己关于食物、异性和休息的基本需求。任何思考对他都没有用处，他的生理自动性对他来说就足够了，他与兽类几无二致。卢梭认为，自然人与野兽的区别不在于理性，而在于自由，这与自然权利论者的论断不同。野兽只受本能驱使，而自然人则是个"自由施动者"。尤其是他能够自我完善。然而，卢梭认为人们正是应当从人的这种能力上，去寻找人类一切苦难的根源。

在注九中，卢梭据此对与文明相关的苦难做了一个小结。但是，卢梭在这里展示的是历史发展的负面，我们应当根据《社会契约论》（第1章，第8节）来完整地了解他的思想。他在那本书里颂扬了历史发展的正面，赞美"把一种愚蠢而迟钝的动物变成了一种智慧的生灵，即变成了人那个幸福的历史时刻。"卢梭在《论不平等》中致力把自然人和野兽比较，以致人们无法理解人是如何得以走出这种状态的。同样，对于语言的创立这个问题，由于卢梭把野蛮人变成了完全孤独的人，因而使任何手段都无法使用。"纯人类的"手段不足以说明，那么就只好求助于上帝了。

从精神上看，这个人类生灵仅具有自爱心（如今我们称之为自我保护本能）和怜悯。这是两种纯粹生物学意义上的无意识的情感，是我们和某些动物所共有的。卢梭在《论语言的起源》一书中另有一种关于怜悯的理论，称怜悯后来变成了一种有意识的情感，与思维活动有关，如"我设身处地替他人着想"[37]。但在这里，卢梭尽量拉开自然人和文明人之间的差距。怜悯与人的社会性毫不相关，它却是社会中各种利他主义思想的源泉。

因此，道德观念的源泉不是理性，而是人人都有的情感。卢梭就在此奠定了道德和民主政治的基础。伏尔泰和百科全书派把受到理性启发的人，也就是哲学家，与受本能支配的人进行对照。卢梭也采用这种对照，但得到的结论是相反的，即哲学家由于理智的思辨而变得冷酷无情，只有下层人还保持着人类的情感。

这段对自然状态的描写通过关于爱情的思考结束。卢梭这里表达的思想大多是借自布封的。爱情是人在社会生活中产生的情感，自然人只有性欲。

最后，应该明确指出，卢梭关于自然状态的学说比人们通常提出的学说，以及他自己后来在《对话录》中提出的学说要简单。在《对话录》中，卢梭给自然人加上三个形容词：善良、自由、幸福。然而，自然人的善良只是一种消极状态，一种中性状态。自然人既不善，也不恶；他不作恶是因为他没有觉察到作恶的好处。自然人并没有道德观念。那么幸福呢？同样也没有意义。因为人能感觉到幸福必须先具有关于幸福的意识，而自然人只是一个未开化的野蛮人。这样就只剩下自由了。但是自然人也没有享受到，因为他什么也享受不了，而且这种自由也是与人的兽性相关的。卢梭在第一部分的最后几页里，终于决定回到第戎学院这个提法不妥的问题上。在自然状态下，个体之间至少存在着生理上的不平等，当然不是很严重，还不足以产生奴役现象，还没有任何暴力能够让人去屈从他人。往下还需要知道，人类是怎样从这种动物状态过渡到社会生活状态的。要把链条的两端接起来，卢梭主张采用两种手段："如果历史记载中有这些事件，就用它们来连接，如果历史记载中没有，那么就由哲学来确定能够连接它们的类似事件"。（120页）就是说，如果缺乏既定事实，就靠推理来提出一些近似于真实的解释。

人一进入社会状态，就跌落到邪恶和苦难的深渊。在论文第二部分的开篇，卢梭采用了一种巧妙的修辞手法，描绘了人通过用篱笆围住一片土地就建立私有制的故事，[38]这为以后接踵而来的苦难和罪孽开辟了道路。但是，这个象征性的事件只是一个长期历史进程的结局。人类进入历史已经很久，早已开始了社会生活。按照 V. 戈尔德施米特的说法，第二部分描写了前后相继的两种社会，即自然社会和文明社会。[39]自然社会似乎是一个自相矛盾的说法。实际上它的意思是，人已经走出了自然状态，但大自然还在支配着人与人之间的关系，直到人们通过某一个随意的行为，创立了文明社会。

于是，原先适应自然状态的人，终于组成了早期的社会。卢梭为了解释这一点求助于毫无目的的偶然性，这就是《论不平等》的缺陷。卢梭假定有些气象变化和自然灾害发生了，如一些岛屿的形成，会迫使人们聚集在一起生活。有一个原因似乎没有偶然性，那就是人口的增长，这被认为就是当时的幸福生活的结果。不管怎样，首先必定是偶然而暂时地形成了一些原始的人群，譬如，人们有时就聚集在一起打猎。人类由此获得了他们最初的"知识"，感到了"关系"的存在。人与人开始互相比较。人们必定创造了一种语言（不管论文第一部分是怎么说的，现在我们要借助于一些"纯人类"的手段了），发明了最早的工具，建造了最早的茅棚，而且出现了"一种私有财产"（126 页）。感情生活开始了。所有这些都还是进步，但已经开始有倒退了："男女身上的一些勇猛和力量开始渐渐丧失"（127页）。后来，家庭组成了，爱情的淳朴美妙的魅力以及复仇的狂热也开始增长。个人有了自我意识，喜欢在他人面前出风头。"这正是我们已知的大多数野蛮民族发展所达到的状态"（129页）。这时的人已经远远走出了自然状态，已经"嗜血成性、残酷无情了"（129页）。与一种非常普遍的意见相反，卢梭并没有简单复述野蛮人善良的神话，而是大刀阔斧地对它进行修改。但不管怎么说，人类历史的这一阶段"应当是最幸福最安定的时期"（130页），"这个状态是世界的真正的青年时代"（130页）。虽然人的自爱心这种天生的情感变成了自尊心这种产生于社会的严重缺点，但人们还没有发生经济利益方面的冲突，人的需要仍很简单，这种缺点还没有掩住天生的善良。

但是，历史的进程受到了不可抗拒的必然性控制。冶金术和农业一起诞生，它们互为必需，由此产生了劳动的分工。卢梭在此指出：如果一个人能够拥有可供两人使用的生活必需品，并且掌握了他人的生存手段，就出现了不平等。这是一个天才的发现。由土地的耕种导致了土地的分配，导致了私有财产和最早的裁判准则的诞生。洛克认为，所有权是建立在劳动上的。在自然状态下，人享受着自由，这种自由就是每个人对其个人财产的所有权，但也是对他赖以生存的东西和通过劳动占有的东西的所有权。以后的公约只是将已经在自然中建立起来的权利编入法典。卢梭采用了洛克的这个理论，但做了修改。他不承认先占者权利，唯有人们付出在土地上的劳动才能创立占有土地的权利。他由此否定了大地主存在的合法性，因为他们不是通过个人劳动获得合法地位的。人类发展到了这个阶段，种植者通过劳动获得对收获物的所有权，然后随着时间的推移，取得了土地的持续占有权，土地就"很容易转变成他的财产"（133页）。这是历史的不幸，在论文第一部分的开头，卢梭就雄辩地宣布了这一点。但这已是不可更改的既定现实了。现在他不再持这种观点了。在《论政治经济学》[40]一书中，卢梭已把所有权看作"公民的一切权利中最神圣的权利"了。有人说这里暴露了卢梭一个最有名的"矛盾"。我们认为，把它看成是卢梭思想上的一个矛盾是错误的。因为，虽然卢梭认为是私有制的建立把人类抛进了苦难，但他又认为当时如果没有私有制就不可能有自由。然而除了专制，谁又能威胁所有权这种权利呢？因此，只要有专制存在，就必须把私有制变成一种神圣的权利。

从此以后情况急转直下，卢梭一下子跨过几个时代。天然的不平等在此之前还没有造成严重影响；而现在，不平等开始加剧产生不平等了。不仅天然的不平等是必然，而且人为的不平等也已成为必然。这就是本质与表象之间对立的基础，这在卢梭的伦理学中具有非常重要的意义。所有的邪恶都是由此产生的。人人都是别人的奴隶。先占者之间、先占者与一无所有者之间的冲突日益激化。人们进入了"最可怕的战争状态"（136页）。此时富人们想出了"人类头脑中前所未有的一个绝妙主意"（137页）。他们向穷人提出了一份联合契约，于是就产生了国家。国家不过是由富人对穷人实施一场骗局所产生的结果，它允许富人利用穷人的力量来反对穷人，保护富人的财产。

一旦政治社会在某地形成，它就迫使邻近地区也组建政治社会来与它抗衡。这样，生活在各自社会内部的人，最终都脱离了自然状态。而各个社会之间的关系还继续保持着这种自然状态，仅仅受到构成国际法的某些默契的约束，但这些国际法永远阻止不了民族战争。人类为了消除个别的战争而创立了文明国家，却由此频频引发更加恐怖的战争。

卢梭在论文中是如何看待政府契约的呢？关于这一点，他的理论还没有成熟，"还有待研究"（146页），这意思是还要等到《社会契约论》发表。因此，他仅仅附和别人的意见，即普芬道夫的意见，把人们作为依据组成社会的联合契约，与人民和由人民自己选举出的执政者之间订立的从属契约区别开。但是卢梭对这些论点做了重大修改。起先，联合契约仅仅是一些一般契约（140～141页），仅当人们发现这种政体存在缺陷，即发现有人屡屡触犯法律而不受惩罚时，才想到要推举首领。这些首领只是负责监督人民意愿执行情况的行政官，这个概念中没有任何东西可用来论证君主主义的论点。霍布斯认为，是人民自愿投入首领的怀抱，把一切权利都托付给他。卢梭用了很多笔墨对霍布斯的这种理论进行批驳，还对把专制君主比作家长的父权主义观点进行批驳。

不管怎样，这种对人民来说已成骗局的联合契约是合法的。人民愿意建立法律，就必须遵守它。但是行政官会滥用权力，而且，既然他们有权不履行职责，人民当然就有权反抗压迫。面对着人民反抗压迫的后果，卢梭犹豫不决，因为如果契约被撕毁，整个社会就要面临崩溃。于是他只好向宗教求援（149～150页）。但这是徒劳的，因为如果行政官越来越频繁地践踏法律，人民就会不可避免地报以反抗。在《社会契约论》中，卢梭的理论就要严密得多，因为管理者与被管理者之间不再有契约，而只有委托。

《论不平等》的最后几页追溯了政体发展史。一开始是选举制，然后是世袭制，这就不可避免地走向专制。在政府组成之时，决定政体形式的是不平等的状态。而民主政体是"离自然状态不太远"（148页）的人民的政体。但是，各种政府都会蜕化变质，从合法走向专制，直到发生新的革命来"恢复它的合法制度"（149页）。这种历史悲观主义的观点在卢梭的所有政治著作中都能见到。[41] 卢梭属于柏拉图和维柯这一类思想家，把历史进程看成一种循环，人类按照一种恒定不变的更迭方式经历同样的社会制度。他所提供的新思想，就是揭示社会不平等的发展进程与政治专制的发展进程之间的联系。而且在他的著作中，各种政体之间的对立趋于简化。在回顾了君主制、贵族制和民主制这三种政体旧的区别后（150页），他就几乎认为只有合法的民主政体和世袭执政官（包括国王在内）按个人好恶进行统治的专制政体之分了。这样，孟德斯鸠津津乐道的君主政体与专制政体之间的区别就被抹杀了。

《论不平等》是一部伟大的文学作品。在《论科学与艺术》中，卢梭的才华尚不易看出，而在此他的写作才能发挥得淋漓尽致。幻想家激情洋溢的雄辩把读者从原始时代一直带到现代。这是革命雄辩术最光辉的典范。他抒情的表达方式对法国大革命时期的国民大会上和雅各宾俱乐部中的演说家们深有启发。

但是这种激情，这种抒情的表达方式完全受着推理方法的严格控制。这是一部伟大的、科学的、名副其实的政治学著作，因为卢梭研究了社会结构的演变过程，这个社会结构完全不依赖于社会个体，相反却决定着社会个体。尽管卢梭要撇开"全部事实"，尽管他要回避历史，但是我们仍有理由认为这本书是一部伟大的历史著作。卢梭十分简明地写出了人类发展史，所采取的方式比他的所有前辈都深刻得多，因为他始终注意的是人的本性的转变过程。哲学家和法学家把理性说成是人类永久本性的主要特性，而卢梭认为理性是在历史发展过程中产生的，而且他认为，如果还存在人类本性的话，也在很早以前就被湮没了。

这是一部伟大的哲学著作。卢梭掌握了主要前辈的研究成果，但目的是对他们进行批驳，因为总是以与他人作对的方式思维是卢梭天性的一个特征。而且他具有发现现实的诸多矛盾方面的才能。关于进步的辩证法观念就是他的重要发现之一。所以，恩格斯在《反杜林论》一书中把《论不平等》和《拉摩的侄子》一起称作18世纪辩证法思想的杰作。[42]我们有必要把恩格斯论证这个观点的一些言论引述如下：

　　……卢梭的平等说……若没有黑格尔的否定的否定来执行助产婆的任务，也是不能建立起来的——而这还是黑格尔诞生前二十多年的事。卢梭的学说远没有因此而觉得可耻，它在自己的最初的阐述中，几乎是堂而皇之地把自己的辩证起源的印记展示出来。人在自然和野蛮状态中是平等的；由于卢梭已经把语言看作自然状态的伪造，所以他完全有理由把同一物种范围所及的兽类的平等也加到这些兽人身上……但这些兽人有一种比其他兽类优越的特性，这就是趋于完善化的能力，即往前发展的能力；而这种能力就成了不平等的原因。因此，卢梭把不平等的产生看作一种进步。但是这种进步是对抗性的，它同时又是一种退步……

　　文明每前进一步，不平等也同时前进一步。随着文明产生的社会为自己建立的一切机构，都转变为他们原来的目的的反面。

　　"人民拥立国君是为了捍卫他们的自由，而不是去做他的奴隶，这是不容置辩的事实，而且是整个政治权利的基本准则。"[43]

　　但是这些国君必然成为人民的压迫者，而且把压迫加重到这样的地步，使得登峰造极的不平等又重新转变为自己的反面，成为平等的原因：在暴君面前人人平等，就是说大家都等于零。

"这里是不平等的极限，是封闭一个圆圈的终点，它和我们的出发点相遇：在这里一切个人都是平等的，因为他们恰恰什么都不是，而且臣民除了君主的意志以外，再没有别的法律……"[44]

"……因此君主只有维持最强者地位，他才能实行统治；一旦人民可以把他撵下台，他就不能抱怨人民使用暴力……只靠暴力维持的，只有用暴力来推翻。任何事物都是这样按照自然法则发生的……"[45]

这样，不平等又重新转变为平等，但不是转变为没有语言的原始人所拥有的旧的自发的平等，而是转变为更高级的社会契约的平等。压迫者被压迫。这就是否定的否定。

因此，我们在卢梭那里不仅已经可以看到那种和马克思《资本论》中所遵循的完全相同的思想进程，而且在他的详细叙述中可以看到马克思所使用的整整一系列辩证的说法：按本性说是对抗的、包含着矛盾的过程，每个极端向它的反面的转化，最后，作为整个过程的核心的否定的否定。因此，如果说在1754年卢梭还不能说黑格尔的行话，那么无论如何他在黑格尔诞生23年前，就已经深深地被黑格尔瘟疫[46]所侵蚀……[47]

在恩格斯所处的那个时代，所有关于卢梭《论不平等》

的评论都远没有这样深刻。人们往往从《论不平等》中只看到个人主义的膨胀，不久又反过来在《社会契约论》中看到对最残酷无情的极权政体（当时称人民专制）的支持。虽说卢梭的思想确实难免存在矛盾，这也是他所代表的那个阶级的矛盾，但这两本著作之间不存在矛盾，它们是不同范畴的著作。《论不平等》是人类历史演变过程的图解，其中包含部分的虚构；而《社会契约论》则立足于权利的领域，试图抽象地确定国家在什么样的条件下才是合法的。在解释了已经存在的事物后，卢梭又对将来应当存在的事物做了一番探讨。

注释

1 更详细的情况，参见《百科全书文选》，人民经典丛书，巴黎，社会出版社，1952年。关于这个历史时期，可参见阿尔贝·索布尔《旧制度末期的法兰西》，巴黎，高等教育出版公司，1960年。

2 狄德罗：《文选》，第2卷，人民经典丛书，巴黎，社会出版社，1950年，164页。

3 恩格斯：《反杜林论》，巴黎，社会出版社，1950年，50页。

4 为了使这个关于第三等级思想倾向的简短概述更为完整，应该谈到那些表达最贫困阶层的愿望的空想主义者。在他们的著作中已含有共产主义学说的成分，最值得注意的是摩莱里。参见《自然法典》，人民经典丛书，巴黎，社会出版社，1953年。

5 卢梭：《忏悔录》，七星版，第2章，巴黎，伽利马出版社，1959年，61页。

6 让·布律阿：《法国工人运动史》，第1卷，巴黎，社会出版社，1952年，72页。

7 《忏悔录》，第8章，351页。

8 参见《忏悔录》第4章中的那个关于农民怕被征税而把火腿藏起来的故事，163～164页。

9 《忏悔录》，第8章，371页。

10 《忏悔录》，第4章，147页。

11 《狄德罗全集》（阿塞扎·图尔诺编），第2卷，285页。

12 《狄德罗全集》（阿塞扎·图尔诺编），第3卷，98页。

13 《忏悔录》，第8章，352页。

14 但是应该考虑各种思想倾向的差异。安托万·亚当在其《卢梭与狄德罗》（载于《人文科学杂志》，1949年1—3月号，21～34页）一文中指出，在百科全书派中，当时最接近卢梭的是狄德罗和格里姆。关于这个问题，他们在很大程度上观点是相同的。狄德罗在《百科全书》"农业"条目中宣称："一旦征服的思想扩大了社会的领域，并产生了奢侈、商业及各个民族伟大和邪恶的所有其他表征……"把"伟大"与"邪恶"这两个词联系起来，可能是自卢梭开始的。同样在"立法者"条目中，狄德罗称赞秘鲁的法律建立了"财产共有制，从而削弱了一切邪恶的源泉私有制思想"。人们可能以为在读《论人类不平等的起源和基础》中的一段摘录。因此亚当先生有理由认为，卢梭在写第一篇论文和第二篇论文时，针对的哲学家是伏尔泰一派而不是他的朋友狄德罗与格里姆。不过，这里已经埋下了后来不和的种子；因为在狄德罗和格里姆看来，虽然社会存在一些坏的东西，那也是不可避免地来自自然法，应当把进步当作一个整体来接受。在"奢侈"条目中，奢侈被阐述为虽然腐化了社会，却是必需的。

15 《爱弥儿》，468 页。

16 《爱弥儿》，920～923 页。

17 但他还是从"福音书"中找到几件神圣的事物。

18 卢梭：《致德莱尔的信》，1758 年 10 月 5 日。

19 马克思和恩格斯：《哲学研究》，巴黎，社会出版社，1951 年，117 页。

20 贝尔纳·格罗蒂森在他的《让-雅克·卢梭》一书中，关于这个问题写了一些出色的文章，参见其书 234～320 页。

21 这个题目刊登在《法兰西信使报》1753 年 11 月号上。题目全称如下：《人类不平等的起源是什么？它是否为自然法所许可?》。

22 《忏悔录》，第 8 章，388 页。

23 从下面一段摘录可看出这位获奖者的才华："我们要这样描述造物主亲手塑造的人的本性，它就像在纯洁的雨露和明媚的阳光下盛开的花朵，其鲜艳、多彩和清香同样迷人……人生来就要认识世界，人能准确无误地认识世界。他不必害怕黑暗，也不必害怕虚伪的光明。他看到的都是美好、正确的，他的心灵和精神没有矛盾……"

24　《忏悔录》，395 页。

25　这本书很快就有了两种德译本；1756 年出了一本英译本，1761 年又出了一本英译本；1770 年出了一本俄译本。

26　1767 年，伏尔泰在悲剧《西徐亚人》中对卢梭的这篇论文加以辩驳。

27　《忏悔录》，第 9 章，404 页。

28　《忏悔录》，第 7 章，347 页。

29　《忏悔录》，第 9 章，409 页。

30　狄德罗：《文选》，第 2 卷，人民经典丛书，巴黎，社会出版社，1959 年，103 页。

31　狄德罗：《普拉德神甫护教论续篇》，载于《文选》，第 1 卷，人民经典丛书，巴黎，社会出版社，1952 年，107 ~ 108 页。

32　16、17 世纪许多诗人采用过这种主题。

33　关于这个问题，参见恩格斯《家庭、私有制和国家的起源》，巴黎，社会出版社，1950 年。

34　参见罗朗先生编注的拉洪坦的《北美回忆录》，人民经典丛书，巴黎，社会出版社，1973 年。

35　关于布封与卢梭的关系，参见斯达罗宾斯基《卢梭与布封》，载于《让-雅克·卢梭及其著作》，巴黎，1964 年，135 ~ 136 页。另参见米歇尔·迪歇《启蒙运动时代的人类学和历史》，巴黎，1971 年，240 ~ 244 页；另外可参考他所编注的布封的《论人》，巴黎，1971 年。

36　《忧郁的热带》，巴黎，1958 年，423 页及以下各页。另参见《让-雅克·卢梭：人的科学的奠基者》，载于《让-雅克·卢梭》，讷沙泰尔出版社，1962 年，239 ~ 248 页。

37　卢梭：《论语言的起源》，波尔多，波尔斯出版社，1968 年，93 页。

38　这里涉及一则社会新闻。在 18 世纪，许多大地主凭借各种真假所有权状，围占最贫苦农民赖以生存的公共土地。

39　《卢梭的政治学原理》。

40　《论政治经济学》，七星版，263 页。

41　《社会契约论》，七星版，10～11 页。

42　恩格斯：《反杜林论》，巴黎，社会出版社，1950 年，52 页。

43　参见本书 141 页。

44　参见本书 153 页。

45　参见本书 153～154 页。

46　这个词的讽刺含义是针对杜林的。

47　《反杜林论》，169～171 页。

论人类不平等的
起源和基础

让-雅克·卢梭

致日内瓦共和国[1]

伟大的、尊敬的、至高无上的执政官们：

我确信，只有正直善良的公民才能向其祖国致以她能接受的敬礼。我已为此努力了三十年，以使自己有资格向你们公开表示敬意；而且，这次幸运的机会多少弥补了我以往努力的不足。我相信，人们会允许我在此任由激情的支配，而不必考虑我能否拥有这种权利。我有幸出生在你们之中，怎能只顾思考人类中由大自然赋予的平等和人类自己造成的不平等，而不考虑这个国家人民的渊博的智慧呢？你们凭借这种智慧，将平等与不平等完美地协调起来，以最合乎自然法则和最有利于社会的方式，使维护社会秩序和保障个人幸福恰好保持一致。我在寻求良知对于政府制度所能提供的最佳规则时，惊奇地发现，你们的政府正在实行着所有这些规则。因此，我认为，即使我不是出生于你们当中，也不能不把这幅人类社会的图景呈献给你们——因为在我看来，你们是所有民族中最懂得从这规则中获利并最有效地预防弊端的一个。[2]

倘若要我选择出生地，我就要选择这样一种社会，其幅员恰好在人类能力所及的范围之内，也就是说，只有在此范围内，国家才能够管理得很好。在这个社会里，人人都能充分履行自己的职责，没有谁会被迫把自己承担的职责交付他人。[3]在这个国家，人人互相了解，没有任何阴谋，也没有任何善行美德能避开公众的耳目和评判。而且，在这个国家，人们相互来往、相互认识，在这里，爱国与其说是爱国土，不如说是爱国民。[4]

我愿意出生在这样一种国家，其统治者与人民的利益是一致的，唯有这样，国家机器才能始终为共同福祉运转。但是，人民本身必须就是统治者，否则就做不到这一点。[5]由此可知，我愿意出生在一个法制健全的民主政体下。

我愿意自由地生，也自由地死。也就是说，要自愿地服从法律，服从于这种我和任何人都不可摆脱的体面的束缚。这种束缚有益于身心，而且温和，连最高傲的人都能驯顺地接受之，而对于其他束缚，他们天生就不能忍受。

因此，我希望国家之中无人自称能凌驾于法律之上，国外也无人能强迫一国屈从于任何权威。因为一个政体不论是怎样构成的，如果其中有一人不服从法律，其他一切人就必定要受其摆布。[6][注一]而如果除了一个国内统治者，还有一个国外统治者[7]，那么不管他们怎样分享权力，两者都不可能真正被人服从，也不可能管理好国家。

我不想住在一个刚刚创立的共和国里，无论它的法律多么完善。我担心的是，这种政体可能不是按照目前的需要构建的，由于政体不适应新的公民，或者公民不适应这个新政体，这个国家几乎自诞生之日起就有发生动荡和被推翻的危险。因为自由就像美味佳肴或甘醇的美酒一样，对于能够受用它的强健体质，它能起到滋补作用，而对于虚弱娇柔的体质，不但不能滋补，反而会折磨、摧残和毒害机体。一旦人民习惯于国君的统治，就再也离不开他了。如果人民想摆脱这个枷锁，则会把与自由截然对立的无限放任误认为自由，从而离自由更远。人民的革命几乎总是把人民出卖给蛊惑者，这些蛊惑者只会使他们的锁链更加沉重。[8]罗马人是所有自由民族的典范，然而即使是他们，在摆脱了塔尔干的压迫之后也不能马上实行自治。他们所受的奴役和被迫从事的屈辱性劳动使他们丧失了人格，因此，他们当时还只是无知的群氓，必须以最高的智慧来管理和统治，以便让他们能渐渐习惯呼吸有益于身心的自由空气，使这些因受暴政统治而变得麻木不仁——或者更确切地说，变得粗野不堪的灵魂逐步养成严格的品行和勇猛的精神，最终使他们成为最受敬重的人。因此，我想谋求这样一种和平幸福的共和国作为我的祖国，其古代风俗可以说在蒙昧时代就已经消逝，它所受过的苦难可使其人民显示和增强勇气和爱国心，它的公民久已习惯于一种适度的独立自主，不但拥有自由，而且无愧于自由。

我想为自己选择这样的祖国：它幸好不太强盛，因此也就没有那种残酷的征服欲；更幸运的是，它所处环境也能使它不用担心被别国征服。这样一个自由的城市国家，夹在几个国家之间，没有哪个国家想侵犯它，各国却都有意防止别国侵犯它。总之，这个共和国不会诱发邻国的野心，却可以在需要时适当地依靠它们的援助。因此，它处在这样一种幸运的处境，除了自身事务之外没有什么可担心的。如果它的公民还操练习武，但愿那不是出于国防的需要，而是为了使他们保持旺盛的斗志和勇猛的精神，这不但与自由相适应，还能使人们对自由更加热爱。

我要寻求这样的国家，它的立法权为全体公民所有。因为谁能比公民自己更清楚地知道，应该在什么条件下在同一社会中共同生活呢？但我不赞成像罗马人那样的平民公决，因为它不让国家首脑和最关心维护国家利益的人参与常常与国家安全有关的商议，而且会由于一次荒谬的轻率举动，行政官就被剥夺了一般公民所享受的权利。

相反，为了防止出现那种谋取私利和构思欠妥的方案，为了防止出现那种曾经最终贻害雅典人的危险的改革，我希望每个人都没有权利随便提出新法律，希望这种权利仅仅属于行政官，希望行政官在行使这种权利时要特别谨慎，人民自己在对这些法律表示赞同时也能做到非常克制，颁布法律也要十分郑重，由此，在宪法可能被动摇之前，人们还来得及认识到，法律之所以神圣可畏，主要就是由于它的古老；认识到那些朝令夕改的法律很快就会被人藐视；认识到如果老是借口改革来破除旧习惯，往往会因纠正小错而铸成大错。[9]

我尤其要避免选择那种共和国，那里的人民认为可以不要行政官，或者只给他们一种不确定的权力，而由人民自己轻率地照管国家事务和法律的执行，这种共和国必定治理得很糟。直接从自然状态脱胎而出的早期的政府，其结构大概就是这样粗糙，这也是使雅典共和国灭亡的致命原因之一。

但是，我愿选择这样一种共和国，其中，个人只限于能够批准法律，只限于集体地根据政府首脑的报告来决定最重要的公共事务。人们设立一些受人尊重的法庭，认真仔细地为它们划分几种权限，每年选举出若干最能干最公正的公民来执行审判和治理国家。在这个国家里，行政官的高尚品德能反映出人民的睿智，两者都相互引以为荣。因此，万一有什么不幸的误解破坏了公众的协调，人们即使在出现盲目冲动和错误行为时，也能做到自我克制和互相尊重，并共同遵守法律，这是达到真诚而持久的和解的前提和保证。

伟大的、尊敬的、至高无上的执政官们，这些就是我想从我所选择的祖国寻求到的优点。如果除了这些，上帝再赐予她优越的地理位置，温和宜人的气候，肥沃的土壤和天下最美的景色，那么为了谋求最大幸福，我就要在这样的幸福国度里尽享这些福分，与我的同胞一起，生活在一个美好的社会中，以他们为榜样，与他们一起践行人道、友谊及其他一切美德，在我的身后给人留下一个善良正直的爱国者的体面的名声。

虽然我没那么幸运，或者理智发育太迟，以至于要在另一种环境下了结穷困潦倒的一生，并空叹在鲁莽冒失的青年时代丧失了和平与安宁；但至少在我的心中，还保持着那些我在故乡未能抒发出来的感情。满怀对远方的同胞亲切而无私的爱，我要衷心地向他们表达下面这一段话：

"亲爱的同胞们，更确切地说，亲爱的兄弟们，血脉和法律几乎把我们大家都连在一起。使我感到高兴的是，我在想到你们的同时，也想到了你们所享受的一切福分。你们当中没有谁可能比失去了这些福分的我更能深刻体会到它们的价值了。我越是思索你们的政治状况和公民地位，就越是难以想象人类事务还能有比这更好的安排。在其他一切政体中，在事关保证国家的最大幸福时，人们都只是提出一些概念性的设想，或者充其量只提出一些可能性；而对你们来说，幸福是实实在在的，只等着你们去享受。你们只需满足于现有的幸福，就能使幸福更加完美。你们通过利剑获得或收复，凭借勇敢和智慧维护了两个世纪的主权，终于得到完全和普遍的承认。你们的国界、你们的权利以及你们的安宁都得到一些受到尊重的条约的保障。你们的宪法是一部完美的宪法，它是由最崇高的理智制定出来的，而且受到可敬而友好的大国保证。你们的国家是一个和平的国家，既没有战争，又不受征服者觊觎。你们制定了严明的法律，选举出公正廉洁的行政官来执掌，除此之外再没有别的主人。你们不是十分富裕，不会因放纵而精疲力竭，不会在虚华的逸乐中丧失对真正的幸福和真实的美德的鉴别能力；你们也不是非常贫穷，并不会因自己的产业不敷需求而需要外部援助。这种宝贵的自由，在大国只有靠交纳沉重的赋税才能维持，你们却不用付出多少代价。

"为了本国人民的福祉，为了给其他国家的人民树立典范，但愿这构建得如此精明而完美的共和国国运长久！这是你们应该许下的唯一心愿，这也是唯一要你们挂虑在心的事情。你们不必再去谋求幸福，先辈已经让你们省却了那份劳苦，今后就靠你们利用享受幸福的智慧使它保持永久。你们的国运要保持永久，靠的就是你们始终如一的精诚团结、遵纪守法及对执法者的敬重。如果在你们中间还存有一点乖戾或猜忌的苗头，就赶紧消除它，它是一颗灾难的种子，迟早会给你们带来不幸，使国家灭亡。我恳求你们都深入自己的内心，倾听良知发出的声音。你们谁能在世人中找到一个比你们的这些行政官更公正廉洁、更富有经验、更令人尊敬的群体呢？这个群体的所有成员不都为你们树立了言行稳重、作风朴实、遵纪守法、真诚待人的榜样吗？所以你们要对这么贤明的首脑完全予以有益的信任，这是有理智的人应当给予有德行的人的信任。你们要想到，他们就是你们选出来的，他们也证明你们的选择是正确的，而你们对他们委以重任，给予应有的荣誉，这种荣誉最终必定也会返回你们自己的身上。你们中没有人会愚昧到不懂得这一点，即一旦法律失去效力、护法者丧失权威，任何人都不可能拥有安全和自由。因此，你们应当全心全意、满怀信心地去做你们的切身利益、你们的责任以及理性需要你们经常去做的事情，为什么还要犹豫呢？对维护宪法漠不关心是有罪的，而且是危险的。我希望你们绝不要忽视那些最富有经验、最热心的人的审慎建议，而要让公正、谦恭和最令人尊敬的坚定信念继续支配你们的一切行动，继续让你们作为既热爱自由又渴望荣誉的勇敢而谦恭的人民的典范展示在世人面前。我要给你们最后的忠告是，你们尤其要当心，不要听信那些居心叵测的理论和满怀敌意的空谈，其中隐藏的动机往往比这种动机所支配的行动还要险恶。忠实的守门犬向来只在盗贼走近时才吠叫，头几声就能使全家人惊醒，早做防备；而令人讨厌的是那些吵闹的畜生，它们的不合时宜的无休止的警告，扰乱了公众的安宁，而到真正必要时却不再引起人们的注意了。"

伟大的、至高无上的执政官们，自由人民的尊敬的行政官员们，请允许我特别向你们表示敬意。如果世上有一种地位，能使拥有者享有盛誉，毫无疑问，那就是这种由才华和美德所赋予的地位，这种你们为自己赢得尊严的地位，这种由你们的同胞将你们擢升而至的地位。他们自己的功绩为你们的功绩增光添彩，而你们又是由这些能够管理别人的人选出来管理他们自己的。因此，我认为，正如一个自由民族，尤其是你们有幸领导的这个自由民族，其智慧和理性胜过别国的民众一样，你们也胜过别国的执政官。

请允许我举一个例子，它是我珍藏于心底的最美好的回忆，永生不能忘怀。每当我回忆起那位生养我的勇敢正直的公民，我心中就不能不涌动最甜蜜的感情。他从我小时候起，就经常教导我应当尊重你们。我似乎看到他用双手的劳动维持自己的生活，以最崇高的真理滋养心灵；我好像看到在他面前，与工具放在一起的有塔西佗、普鲁塔克和格劳秀斯的著作；我仿佛看到他心爱的孩子在他身边，接受慈父的亲切教诲，只可惜这孩子听不进去，收效甚微。[10]但是，尽管年轻时的糊涂使我一度忘掉了父亲的谆谆教导，但幸而我最终还是认识到，虽然一个人可能具有作恶的倾向，却也难以永远拒绝满怀爱心的教育。

伟大的、至高无上的执政官们，这就是在你们统治的国家中出生的公民，甚至普通居民也是如此。[11]就是这些有教养有智慧的人，在别的国家里被叫作工人和平民，人们对他们抱有一种非常卑劣、非常错误的观念。[12]我很乐于承认，我的父亲在其同胞中并不杰出，他的为人只是与一般人一样。尽管他平凡如斯，但所到之处，总有一些最正直善良的人要和他结交，要和他保持联系，而且他们的交往还常常卓有收获。我没有权利说，而且感谢上苍，我也不必说，具有这类素质的人也应得到你们的尊重，他们在教育上，以及在自然的权利和出生的权利上都是与你们平等的。他们做你们的下属是出于他们的意愿，出于对你们的功绩的尊重，而这种尊重是你们的功绩所应得的，也确实是他们所给予了的。为此，你们自己也应对他们怀有一种感激之情。我很满意地得知，为了在公民面前较少炫耀执法者应有的威严，你们表现了何等仁爱与屈尊的态度，对于他们对你们的服从和尊敬，你们也回报了何等的尊重与关心。你们这样做是公正而明智的，能使人忘掉那些不幸事件，它们应当忘却，永不再记忆；由于这个公正宽宏的民族以履行义务为乐，由于他们愿意由衷地敬重你们，还由于最积极维护自身权利的人，也是最尊重你们的权利的人，因此你们这样做就显得更加智慧。

文明社会的领袖深切关心社会的荣誉和福利，这并不奇怪；但是，如果那些认为自己是另一个更神圣、更伟大的国家的官员的人，或者更确切地说，如果那些认为自己是那个国家的主人的人，对供养他们的尘世生活的祖国也能表现出些许热爱，那么对于人类的安宁来说，这就太幸运了。[13]我很高兴能有一个对我们有利的非常罕见的例外，并能把这些神圣教义的虔诚的法定受托人，这些德高望重的灵魂牧师，列入最优秀的公民之列。他们之所以能靠热情动人的口才，把福音的箴言更加深刻地铭刻在人们心中，是因为他们自己总能以身作则、率先垂范！大家都知道，布道艺术在日内瓦发展得非常精湛，但是由于人们对言行不一[14]的现象看得太多，因此很少有人知道，基督教的精神，圣洁的风俗，严以律己，宽以待人的风尚，在我们的牧师中间是何等盛行。教士与文人结合得如此融洽，[15]恐怕只有日内瓦才能为世人做出榜样。我在很大程度上把国家长治久安的希望寄托于这些牧师世人公认的明智和谦恭，寄托于他们对国家繁荣昌盛的拳拳热忱。我怀着一种惊喜而崇敬的心情注意到，我们的牧师何等厌恶那些残忍的圣人提出的可怕的信条，历史上，这种人不胜枚举，他们借口维护他们所谓的神权，其实不过是为了维护他们自己的利益，越以为自己的血永远高贵，就越不吝惜人类的鲜血。[16]

我怎么会忘记共和国可贵的妇女们呢？她们不但为男人们带来幸福，而且她们的温柔和才智也使共和国保持了和平安宁和优良风尚。日内瓦温柔贤淑的女公民们，你们的命运将永远决定男公民的命运。当你们只是为了国家的荣誉和公众的福祉而在维持夫妇和睦方面发挥良好作用时，我们是多么幸运啊！斯巴达的妇女就是这样发挥她们的作用的，日内瓦的妇女理应也要这样发挥作用。什么样的丈夫能如此粗野，会听不进温柔的妻子体面而理智的话？看到你们这种端庄朴素的装束，谁还不鄙视虚浮的奢华？由于你们的光彩照人，这种装束似乎最能显出你们的美丽大方。你们要做的是，通过亲切纯真的威望，通过潜移默化的思想，永远维持人们对国法的尊重和公民的团结；你们还要做的是，用幸福美满的婚姻让分裂的家庭破镜重圆；你们尤其要做的是，通过谆谆教导，通过娓娓动听的交谈，让年轻人改掉在国外养成的恶习。这些年轻人在国外不去学习别人的长处，却带回来从烟花女子那里学得的可笑的举止和滑稽的派头，带回来对所谓荣华的仰慕。这种荣华实际上只是受奴役所得的报酬，它一文不值，绝不该用神圣的自由去换取。因此，你们还是要一如既往，充当道德的坚贞保卫者与和平的柔韧纽带，为了责任和美德，继续处处运用你们的情感和自然的权利。

　　事实将证明，我把对共和国的荣誉和公民的共同福祉所抱的希望寄托于这些保障决不会错，对此我深信不疑。我承认，尽管共和国拥有所有这些优点，但也不会因此就光彩得让许多人冲昏头脑。沉迷于这些光彩之中是天真而有害的，会危及人们的幸福和自由。让花花公子们到别处去追求浮华的物质享受然后再后悔莫及吧！让附庸风雅的人到别处去赞美宏伟的宫殿、豪华的车马随从、富丽堂皇的装饰陈设、壮观的娱乐场面以及一切穷奢极欲的放荡生活吧！日内瓦值得夸耀的只有人；但日内瓦人展现在世人面前的风貌具有不可估量的价值，而欣赏这种价值的人一点也不亚于仰慕其他美好事物的人。

伟大的、尊敬的、至高无上的执政官们，请以同样的善意接受我对你们的共同繁荣所表示的关心。倘若我不幸在诉说衷曲时所表现出的激情有冒失之嫌，那么就恳请你们，对一个真正爱国者的亲情，对一个只因看到你们都幸福而感到欣喜的人，所迸发出的炽烈而合理的热忱表示原谅。

伟大的、尊敬的、至高无上的执政官们，我谨向你们表示深深的敬意！

你们的最谦卑、最恭顺的仆人和同胞

让-雅克·卢梭

1754 年 6 月 12 日，于尚贝里[17]

序

我认为，在人类的一切知识中，最有用但也最不完善的知识，就是关于人的知识。[注二] 而且我敢断言，德尔斐神庙里仅有的铭文中所说的那句箴言[18]，比伦理学家们的所有大部头著作更重要也更难懂。因此，我把这篇论文的主题看作是哲学家所能提出的最值得人们关心的问题之一。但不幸的是，我认为它也是哲学家最难解决的问题之一。因为如果不从认识人类本身着手，怎能知道人与人之间不平等的起源？怎能透过人的原始体质在漫长的历史变适中所发生的变化，来认识大自然所造就的人最初模样？怎能把人身上固有的本性，与环境及人类的进步在改变人的原始状态时增加和改变的性质区分开？就像格劳库斯[19]的雕像，岁月、海水和风雨使它改变了模样，不再像一尊神，倒像一头凶恶的野兽；人在社会中，由于不断产生的种种原因，由于获得大量的知识和谬误，由于人的体质的变异，由于情感的持续冲击，其灵魂也发生了改变，可以说已变得面目全非，几乎无法辨认。人们所看到的，不再是按固定不变的本性行事的人，在他身上再也看不到造物主烙下的神圣庄重的淳朴；人们只看到自以为合理的情感与走火入魔的知性（l'entendement）之间可憎的对立。

更不幸的是，人取得的所有进步都使人更加远离原始状态。我们的新知识积累得越多，就越是没法抓住其中最重要的东西。因此从某种意义上说，正是由于对人的不断研究，使得我们无法认识人。

很容易看出，我们从人的体质上发生的一系列变化中，必定能找到造成人与人之间差别的最初根源。大家公认[20]：人与人原本是平等的，就像其他各类动物，在种种自然因素使它们身上发生我们目前尚能观察到的变异之前，同类的动物生来都平等一样。事实上，无论这种最初的变异是怎样发生的，我们都很难想象它们会在同时并以同一种方式，改变人类所有个体的模样；应该说，人类不平等的最初的原因，是一部分人产生进化或退化，获得各种好的或坏的后天品质，而另一部分人则还要更长久地处于原始状态。笼统地指出这一点很容易，但要找到其真正原因很难。

因此，读者请别以为我在自诩已经找到了我认为如此难以发现的东西。我着手进行了一些论证，并试图做出一些推测。我并不抱解决问题的希望，而是打算阐明问题，还它本来面目。有人可能在这方面做了更多的工作，却没有人觉得解决这个问题很容易。因为，要把人类现存本性中固有部分和后天部分区分开，要了解清楚一种不再存在，也许根本就没有存在过,[21]或许将来也不会存在的状态，并不是一件容易的事情。但是，我们必须把它们搞清楚，才能对我们目前的状态进行适当评价。为了对这个课题扎扎实实进行研究，就必须精到地确定应该注意的问题点，而这就需要一种超乎我们所能想象的哲学。而且我认为，当代的亚里士多德们和普林尼们应该致力于妥善解决这样的问题：必须进行什么样的实验才能认识自然人？在社会中进行这种实验需要采取什么方法？虽然我根本没有解决这个问题，但我认为，对这个课题我已经思考得够多，足以敢先下断言：那些最伟大的哲学家再怎么优秀，也指导不了这种实验，最有权威的君王再怎么贤明，也做不了这种实验；尤其要指望双方能锲而不舍地，或者更确切地说，以无穷的智慧和必要的善意进行合作以求成功，这几乎是不切实际的。[22]

这些研究工作做起来很难，因此直到如今，人们思考得非常少，但是如果要排除那些阻碍我们认识人类社会真实基础的许多困难，这些仍然是必经之路。正是由于对人的本性的无知，自然权利的真正定义才那么难以确定，那么难以理解。因为比尔拉马基[23]说，权利的概念，尤其是自然权利的概念，显然都是与人的本性有关的概念。他还说，所以我们正应该根据人的本性本身、人的体质及人的状态来阐述这门科学的原理。

我们不无惊讶、不无反感地注意到，许多论述过这个重要问题的作家，意见很不一致。在比较严肃的作家中，几乎没有哪两位是彼此意见相同的。不用说古代的哲学家了，他们似乎一心要在最基本的原理上各执一词。罗马法学家不加区别地要人类和其他一切动物一起，服从同一种自然法。因为他们认为，自然法与其说是自然为别人制定的法则，还不如说是加于自身的法则，或者更确切地说，按照这些法学家所理解的"法"这个字的特殊含义，在这种情况下，自然法似乎是大自然为所有生灵的共同保护而建立的普遍关系的表现。现代哲学家[24]只承认法是为有精神的生灵制定的规则。所谓有精神的生灵，是指具有智力、自由而且在与其他生灵的关系中受到尊重的生灵。因此，他们把自然法的权限限于唯一具有理性的动物，也就是说限于人。但是，由于他们按照各自的方式来为这种法下定义，都把它建立在非常玄奥的原理上，我们中间很少有人能够理解这些原理，更别说自己去发现这些原理了。因此，虽然这些学者提出的定义在其他方面彼此大相径庭，但有一点是共同的，即如果不是一位思维缜密的推理家，不是一位学问高深的玄学家，就不可能理解自然法，从而也无法遵守它。这正说明，人类为了建立社会，肯定运用了一些智慧，而这些智慧就是在社会状态下，也只有寥寥数人才可能有，而且他们费很大气力才能获得。[25]

由于对大自然了解得这么少，对"法"这个字的意见又这么不统一，因此要大家商定一个很恰当的自然法定义就非常困难。因而我们在书中看到的所有定义，除了不统一这个缺陷外，还有一个缺陷，即这些定义都是从人类并非与生俱有的知识得出，而且是从直到脱离了自然状态后才能考虑到的利益关系中得出。人们先研究人类为了共同利益而商定的那些规则，然后就把这一套规则称作自然法，其依据只是人们发现，在普遍实行这些规则时能产生好的结果。这确实是一种非常方便的下定义的方法，也是一种近乎随心所欲地阐释事物本质的方法。

但是，只要我们对自然人完全不了解，那么确定什么是为他规定的法，或确定什么法最符合他的身体素质，实际上都是不可能的。[26] 关于这种法，我们能够清楚了解的是，如果它不仅要成为法，而且要成为自然法，就不仅必须使遵守该法的人能自觉自愿地服从，而且还必须直接由自然的声音表达出来。

因此，让我们把所有那些只教我们了解人类已然模样的科学著作撇在一边，思考人的最初和最简单的精神活动吧。[27] 我认为我由此发现了人的两种先于理性而存在的本性：一种本性使人对自己的福利和自我保护极为关切，另一种本性使人本能地不愿目睹有感觉力的生灵（主要是人的同类）受难和死亡。我认为，人的精神能够使这两种本性协调并结合起来，并且仅仅由此便产生了所有自然权利的法则，没有必要让人的社会性介入。[28] 只是后来当人的理性由于不断地演变发展，最终抑制了人的天然本性时，人们才被迫在其他基础上重建这些法则。

这样，我们就不必在使人成为人之前，先使人成为一个哲学家了。[29] 一个人对别人的义务不只是靠后来的智慧训诫来规定的，而是只要他不抗拒同情心的内部推动，他就永远不会伤害别人，甚至不会去伤害任何有感觉力的生灵。只有在涉及他的自我保护的正当场合，他才不得不先考虑自己。通过这种方法，我们也就结束了关于一切动物是否都涉及自然法这个问题的无休止的争论。因为很清楚，那些没有智力、没有自由的动物，不可能认识这种法。但是由于它们天生具有感觉力，在某些方面与我们共享大自然，因此我们认为它们必定也享有自然权利，人类对它们也应承担某种义务。实际上，我之所以不得伤害我的同类，似乎不是因为他是有理性的生灵，而是因为他是有感觉力的生灵。又因为感觉力这种能力是兽类和人类都有的，所以兽类至少也应该拥有不平白无故遭到人类虐待的权利。

在有关人的起源、政治团体的真实基础、国民的相互权利以及无数类似的尚未解决的重大问题上，我们面临着许多困难，而对最初的人及其实际需要和其义务的基本原则进行研究，仍然是我们排除这些困难所能采用的唯一有效方法。

如果我们用一种不带偏见的冷静眼光来观察人类社会，开始似乎只看到强者的暴行和对弱者的压迫，[30]于是心里对一些人的冷酷无情感到愤慨，或者为另一些人的愚昧无知感到悲哀。人类中存在着一些被称为强弱或贫富的外部关系，这些关系大多是由人的机遇不同造成的，而非缘于人的智慧高低，因此是最不稳固的。所以乍一看来，人类社会的所有制度似乎都建立在流沙堆上的。只有通过仔细研究，只有挖去大厦周围的灰土之后，才能看到大厦赖以矗立的坚固基石，才能学会注重这些基础。然而如果我们不对人、不对其本能以及不对其连续的进化过程认真研究，就永远不能做出这样的区别，永远不能区分什么是神的意志[31]造成的，什么是人自己造成的。因此，为解决我所考察的重要问题而进行的政治和伦理的研究，无论如何都是有用的；我所推论的各种政体的发展史对于人类来说，无论从哪一方面来看都是有教益的。考虑一下假如任我们自己演化所能变成的模样，我们就应该知道感谢上帝，是上帝用乐善好施的手修正了我们的制度，并为它们提供了坚实的基础，从而防止了这些制度可能产生的混乱，并且以似乎使我们陷入苦难的方法为我们造福。

上帝要你做什么样的人？

你在人类中拥有什么位置？

你要把这个问题搞清。[32]

本　论

我要谈论的是人，而且我所研究的问题向我表明，我应当谈论给人们听，因为如果人们不愿尊重真理，就不会提出这类问题。因而我将满怀信心地在促使我这样做的贤哲面前捍卫人类的事业，而且如果我能做到无愧于我的论题和我的评判者，我就心满意足了。

我认为人类存在着两种不平等：一种我称之为自然的或生理上的不平等，因为它是由自然造成的，包括年龄、健康状况、体力以及心理或精神素质的差别；另一种，我们可以称之为伦理或政治上的不平等，因为它取决于一种协约，并且这种协约是由人们的同意确立的，或者起码是人们许可的，而这种协约是由某些人享受且往往有损于他人的各种特权（如比他人更富有、更高贵、更有权势，或者甚至要求他人服从他们）组成的。

我们不用问什么是自然的不平等的起源，因为答案就在这个词的简单定义中。我们也不能探求这两种不平等之间是否存在着某种本质上的联系，因为这实际上就是在问：支配人的人是否就一定比受支配的人更杰出？在同样的人中，体力或智力、才干或德行是否总是与他们的权势或财富相称？这个问题也许适合于拿到奴隶那里让他们当着主人的面来讨论，但不适合于由探求真理的有理性和自由的人来讨论。

那么，本文究竟要谈论什么呢？这就是：确定在事物发展进程中，权利接替暴力、本性服从法律这样的事情是在什么时候发生的；并说明强者决心帮助弱者、人民决心以真正的幸福去换取虚幻的安宁这样的事情，又究竟缘于哪些奇迹而来。

对社会的基础进行过研究的哲学家，都觉得有必要上溯到自然状态，但没有一人得以实现。其中一些人[33]不假思索地认定这种状态下的人具有正义和非正义的观念，但他们从不试图证明自然状态下的人是否肯定有这样的观念，也不试图证明这个观念是否可能对他有用。另一些人[34]说到每个人都拥有保护属于自己的财产的自然权利，但没有解释这个"属于"是什么意思。还有一些人[35]先让强者拥有对弱者的权力，然后立即由此推演出政府的产生，却没有考虑到"权力"和"政府"这两个词的意义需要多长时间才能在人类中建立起来。最后，所有的人都喋喋不休地谈论需要、贪欲、压迫、欲望和自尊，把在社会中获得的一些概念搬到了自然状态，因此他们说的是野蛮人，描绘的却是社会中的人。在大多数作者头脑中，对是否存在过自然状态甚至都未产生过怀疑。不过从《圣经》上看很明显，人类的始祖亚当，在从上帝那里得到智慧和训诫时，并不处在这种状态。如果我们像所有基督教哲学家那样，必须相信摩西的著述，那么就应当认为，甚至在挪亚时代的大洪水暴发之前，人类也不曾处于纯粹的自然状态，除非他们因某种非常变故而重新陷入这种状态，否则这就是一种非常难以解释、完全无法证明的悖论了。[36]

因此，首先让我们把所有这些事实撇到一边，因为它们与我们要讨论的问题毫不相干。[37]不应把我们在这个问题上所能进行的探索当作历史真相，而只当作假设的和有条件的推论，它适用于阐明事物的本质，而不适用于论证其真正的起因，而且这种推论类似于自然科学家[38]通常提出的关于世界形成的假说。宗教要求我们相信，上帝本人在创世以后，立即令人类摆脱了自然状态，人与人不平等，乃是上帝的意愿。[39]但是，宗教没有禁止我们只根据人类及其周围存在物的性质来推测，假如让人类自我演变，人会变成什么模样——而这就是要我解答的问题，也就是我要在本文中提出来进行研究的问题。由于这个问题关系到一般的人，因此我要尽力采用能适合所有民族的语言，或者更确切地说，忽略时间和地点，只考虑听我谈论的那些人。我想象我就坐在亚里士多德在雅典创办的学校里，温习着老师们教授的课程，请柏拉图和色诺克拉底[40]当评判者，让全人类当听众。

人啊，不管你是什么地方的人，也不管你的意见如何，请你听着，这就是你的历史，我相信我读过这样的历史，它不是你的同类中那些爱说谎的人的书中所写的历史，而是从不说谎的大自然的历史[41]。出自大自然的所有东西都是真实的，除了我无意掺入的自己的东西外，没有假的东西。我要谈及的时代非常遥远，看看你以前的那个模样，你的变化多大啊！可以说这就是我要描绘的你这类生灵的生活，是根据你所获得的品质，根据你所受的教育和你的习惯所削弱但又没有完全消失的品质来描绘的。我觉得存在这样一个时代，个体的人想在此时停留下来，你也想要你的同类都停留下来。你对目前的状态感到不满，因为有些因素预示你的不幸的后人将有更大的不满，也许你希望自己能够倒退回去。这种意识必定是对你的始祖的颂扬，对你的同代人的批评，并将使你的不幸的后人感到恐惧。

第一部分

为了正确识别人的自然状态，应当从人的起源来考虑，也就是说从人类的萌芽状态来研究，但无论这有多么重要，我也不想从整个演化过程来研究人的身体构造，也不想花时间探究：既然人类最终变成现在这副模样，那么他在动物系中最初应该是个什么模样。[42] 我不会像亚里士多德所想的那样，探究人的长指甲是不是起先只是钩形的爪子；人是不是像熊一样，全身披满毛发；是不是由于用四肢行走，人要面向大地，视野只有几步之遥，眼睛不能同时确定所见之物的性质和范围。在这一点上，我只能进行大概的和近乎想象的推测，因为比较解剖学取得的进展还太少，博物学家的观测还很不确定，不能作为依据来进行可靠的推理。因此，如果不凭借我们在这点上所拥有的超自然的知识，不考虑人由于把四肢用于其他用途和摄取新的食物而可能使人体内外构造上产生的变化，我就可以假定，人体构造一直就是今天的这种模样：用双脚行走，[注三] 像我们现在这样使用双手，眼光遍及整个大自然，用眼睛打量宽广无垠的苍穹。

如果从如此构造的生灵身上，剥去他所接受到的所有超自然的天赋，剥去他通过长期进化获得的所有后天的才能，总之，如果把他当成刚刚脱离大自然之手的人来仔细观察，那么，我所看到的[43]人就是这样一种动物，他没有某些动物那样强悍凶猛，也没有另一些动物那样灵巧敏捷，但总的说来，他的身体构造却是所有动物中最合理的。我发现他在一棵橡树下用橡实充饥，在一条小溪旁饮水解渴，就在为他提供食物的树下睡觉。这就满足了他的需要。

此时土地还处在天然的肥沃状态，[注四]覆盖着从未遭到斧斫的茂密的森林，到处都能为各种动物提供生活资料和栖息之地。人类就散布于其他动物之中，观察和模仿它们的技能，直到获得兽类的本能。人有这样一种优势，即虽然每种动物都有一些人类所没有的特殊本能，但这些本能人类都能学会并为己所用。人类还能靠其他动物都吃的大部分食物品种[注五]生活，因此能比其他任何动物更容易找到自己的生活必需品。

人从童年时代就适应了恶劣的天气和严酷的季节，锻炼得能吃苦耐劳，学会了赤手空拳地保卫自己，不让自己成为其他猛兽的口中之食，从而造就成强壮结实的体格。孩子们带着父辈的优良体质来到世界上，又通过曾造就这种体质的同样的训练得以强化，从而获得人类所能拥有的全部能力。大自然对待他们，就像斯巴达的法律对待其公民的孩子一样，体质好的就让他健康茁壮成长，体质差的就让他死亡。[44]在这一点上，现代社会就不一样，由于国家要父母负担孩子的养育责任，因此有的孩子在出生前就不加区别地被杀死了。

野蛮人的身体是他所掌握的唯一工具，被用于各种用途，而我们文明人的身体由于缺乏训练，是无法胜任这些用途的。正是我们所拥有的技艺，使得野蛮人在生存需要的迫使下所获得的那种力量和灵敏在我们身上不复存在。如果一个野蛮人有斧头，他的手臂还能够折断那么粗的树枝吗？如果他有投石器，他的手还能以这样快的速度扔石块吗？如果他有梯子，他爬树还能这样轻盈吗？如果他有马，他自己还能健步如飞吗？给文明人充裕的时间拾掇好手边的武器，毫无疑问，他能轻松地制服野蛮人。但是如果想观看一场力量更悬殊的角斗，就让他俩空着手比试。你很快就会明白，能持续运用自己的力量，能时刻准备应付各种事件，也就是能始终完全靠自己支持自己，那该是何种的优势。[注六]

霍布斯[45]认为，人天生就是英勇顽强的，一心想着攻击和搏斗。而另一位著名哲学家[46]则不以为然，在他看来，自然状态下的人最怯懦，总是惶恐不安，一有风吹草动就逃之夭夭——这也是坎伯兰德[47]和普芬道夫的看法。对于从未见过的东西，人可能是这样；并且我不怀疑，当人面对任何从未见过的景象，既预计不到有形的祸福，又估计不出自己的力量能否应付得了所面临的危险，那么这时他是会感到恐慌的。但这种情况在自然状态下很少见。在自然状态下，一切事物都以一种持续不变的方式运行，地面上不会发生某种突然的、经常性的事变，就像聚居在一起的人由其情绪和任性引起的那种事变。但是，野蛮人由于分散生活在野兽中间，一直处于与它们进行较量的情势下，因此能立即把自己的力量与野兽的力量进行比较；如果他觉得自己在敏捷上的优势超过野兽在力量上的优势，那么他就知道不用怕它们。让一只熊或一匹狼与一个强壮机灵、勇敢善战（野蛮人各个如此）并且装备了石块和棍棒的野蛮人搏斗，你就可以看到至少双方都面临着危险，还可以看到在经过几次较量之后，那些不喜欢互相攻击的野兽也就不太乐意攻击人了。它们将会发现，人和它们自己一样凶猛。对于那些力量上的优势确实超过人在敏捷上的优势的野兽，人在它们面前的处境就与其他弱小动物相仿了。但这时人仍然能生存下去，因为人具有一种优势，即他跑起来不比它们慢，而且能在树上找到相当安全的庇护所。遇到敌人就能攀上或跳下，是战是逃，由他选择。再说，除非遇到自卫或饿极了的情况，任何野兽似乎都不是人类的天敌，它们对人并不怀有你死我活的敌意，并不必欲以人类作为自己的食粮。

这大概就是黑人和野蛮人很少担心在丛林中遇到猛兽的原因。委内瑞拉的加勒比人就生活在其他动物中间，在这方面绝对安全，毫无不便。弗朗索瓦·科雷尔告诉我们，尽管加勒比人几乎全身赤裸，但仍然敢在丛林中仅凭手中的弓箭从事冒险生涯，也从未听说有人被野兽吃掉。[48]

而人类不能用上述办法抵御的其他更可怕的敌人，是幼年时的天生虚弱、晚年的衰老和各种疾病，这是我们人类最可悲的弱点。前两种一切动物都不能避免，而后一种主要为生活在社会中的人所有。至于人的幼年，我注意到，母亲时时处处把孩子带在身边，喂养他比其他母兽要方便得多。而母兽要一边觅食，一边喂养幼崽，这就不免疲于奔命。确实，如果母亲意外死亡，孩子就很可能一同死去，但对于其幼崽要过很长时期才能自食其力的其他许多动物来说，这种危险也是存在的。如果说人的幼年期比其他动物长一些，但人的寿命同样也比它们长一些，所以在这一点上人和所有其他动物差不多是平等的。[注七]尽管在幼年期期限和幼体数量[注八]上，还有其他一些规律，但这是无关宏旨的。老年人活动少，消耗也就少，随着摄食能力的下降，对食物的需求也减少。旷野生活又使他们免患痛风和风湿，那么衰老就是所有痛苦中最难靠人力来解除的痛苦了，因此老人们最终静静地死去，人们意识不到他们已不复存在，就连他们自己也意识不到这一点。

关于疾病，我不附和大多数健康人对医学的无聊而不实的攻击。[49]但我要问，是否有可靠的调查报告表明，在医术最不受重视的地方，人的寿命就要比医术发达的地方的人的寿命短。而且，如果说人自己招致的疾病太多，医学根本应付不了，那么这又是如何造成的呢？是生活方式的极端不平等造成的。例如：一些人过于悠闲，另一些人过于劳累；人的生理欲念易于激起，又易于满足；富人食不厌精，造成便秘和消化不良，而穷人往往连肮脏的食物也吃不饱，遇到食物匮乏，又使得他们一有机会就狼吞虎咽撑破肚皮；人们通宵达旦地纵情寻欢或劳作；样样事情都无节制，各种情绪过度亢奋，精神疲乏衰竭，还有无穷无尽的焦虑和痛苦，使各阶层的人都备受灵魂的折磨。所有这些都令人沮丧地证明，人们所患的疾病大多是自找的。但这也表明，只要人保持大自然规定的简朴、单调、离群索居的生活方式，这些疾病几乎都能避免。如果大自然注定要人健康，我就几乎敢断言：人的思考状态是一种反自然状态，能思考的动物是一种堕落的动物。[50]如果我们想到野蛮人的至少还没有被烈酒销毁的强壮体魄，如果我们知道他们除了受伤和衰老几乎不罹患其他疾病，我们就可以认为，在写一部文明社会发展史的同时，也能写出一部人类疾病史。至少柏拉图是这样认为的，他根据特洛伊之围时波达利尔和马加翁[51]所用的或赞许过的某些药物断定，这些药物引发的疾病当时还不为人类所知。赛尔斯[52]告诉我们，目前显得十分必要的节食疗法，不过是希波克拉底发明的。

人在自然状态下，疾病来源很少，因此几乎不需要药，更不需要医生。在这一点上，人类的状况不比其他动物差。猎人在狩猎中很少碰到病弱的野兽，由此很容易推知人类的状况。猎人遇到过很多受过重伤的野兽，但愈合得很好。它们的骨头，甚至肢体都断过，现在都接活了。没有外科医生，只有时间；没有医疗食谱，只有平常的饮食。它们未受到手术切口的痛苦折磨，未被药物毒害，未被禁食弄得虚弱不堪，但并不因此而不会彻底痊愈。总之，无论在我们这里医术多么高明有效，但有一点是肯定的：如果野蛮人生了病，并且生死由他自己，那么他所指望的，除了大自然别无其他。这样，他除了生病，就没有什么可害怕的了，这就常常使得野蛮人的处境比我们好。

因此，我们不能把野蛮人和我们眼前所见的人混为一谈。大自然对委托给她照管的动物怀有一种偏爱，好像在显示她多么珍惜这个权利似的。一般来说，森林里的马、猫、牛甚至驴子，与家养的这些牲畜相比，身材更高大，体格更强健，而且都更有力，更凶猛。经过驯化，它们的优势就丧失掉一半。对它们精心喂养和细心照料，似乎只会使它们退化。人自己也是这样。当他变成社会的人和奴隶时，也就变得懦弱无能、胆小怕事、唯命是从了，他的怠惰萎靡的生活方式最终销蚀了他的气力和斗志。此外，野蛮人与文明人之间的差别必定比野生动物与驯养动物之间的差别大，因为兽类和人类是受大自然同等对待的，而人享受的舒适生活条件比人所驯化的动物多，这就是人退化更为显著的具体原因。

如此说来，原始人赤身裸体、风餐露宿，不拥有我们已认为是必需的所有那些奢侈品，对他们来说并不是莫大的不幸，对他们的自我保护也并不是巨大的障碍。他们之所以没有毛皮，是因为在炎热地区不需要，而在寒冷地区，他们很快就知道利用野兽的毛皮。他们之所以只用两条腿奔跑，是因为要用双手进行自卫并备不时之需。虽然幼儿行走缓慢艰难，但母亲怀抱很方便。其他动物就没有这种优点，母兽在受到追击时，要么弃子逃命，要么放慢步子等候。这里也有一些例外，例如在尼加拉瓜，有一种类似狐狸的动物，足像人的手。按科雷尔的描述，母兽的肚子底下生有一个口袋，奔逃时就把幼崽放在里面。这大概就是在墨西哥被叫作特拉卡赞的动物，拉埃特发现其母兽身上就有一个这样的口袋，用途相同。[53] 总之，除非集中出现后面我要说到的，可能永远不会发生的那些特殊而意外的情况，[54] 不管怎样都很清楚，第一个为自己做衣服造房子的人，是在用毫无必要的东西装饰自己。因为那时候他还用不着这些，而且我们也看不出，他这个成年人为何就过不了自小就过的生活。

野蛮人形单影只，懒惰闲散，时时有危险相伴。他肯定喜欢睡觉，但又极易惊醒。他像没有思想的动物一样睡觉，也就是说，无所用心时便昏睡。由于自卫是他唯一要关心的事，因此他最拿手的本领应该是攻击和防卫，即或者是制服猎物，或者是保护自己不被其他野兽当作猎物。相反，那些只能通过声色逸乐才能得到进化的器官，肯定仍然处在粗糙状态，消受不了任何精美雅致的东西。他的感觉功能在这点上两极分化，触觉和味觉都极其迟钝，而视觉、听觉和嗅觉都极为敏锐，这正是动物的一般状态。按照旅行家们的记述，这也是大多数野蛮人的状态。因此，荷兰人要用望远镜才能看到的大海上的船只，好望角的霍屯督人用肉眼就能看到；美洲的野蛮人像良种猎犬一样，能根据气味追踪西班牙人；而且所有这些民族，身无防护却不感到疼痛，喜食辣椒却不觉得辣，最烈的欧洲烧酒可以当水喝……凡此种种，我们都不应该感到吃惊。

至此，我所考虑的还只是生理上的人，现在我们要从形而上学和伦理的方面来考虑他。

　　我认为，任何动物都不过是一架精巧的机器，[55]大自然赋予它意识，让它能自己上发条，并能在一定程度上保护自己，免遭敌人的破坏和扰乱。我认为人这架机器也完全一样，但人与其他动物有一点不同，即在野兽的活动中，大自然是唯一的施动者，而人则也能以自由施动者的身份参与他自己的活动。野兽靠其本能决定取舍，而人则自由自在，随心所欲。所以野兽从不背离为它制定的规则，即使那样会对它有利，它也不这样做，而人则常常背离这些规则，即便招致伤害。例如，鸽子面对一盘肉，猫待在水果堆或谷堆上，也会活活饿死，其实它们假如能尝一尝这些它们平素不吃的食物，很可能会活得很好。而荒淫的人就是要耽于纵欲，使自己发烧死亡的，因为精神能使感官败坏，当生理欲望已经平息时，意志仍要提出要求。

　　动物既然都有感觉，也就都会有观念，它们甚至能在一定程度上把观念组织起来。在这一点上，人类与兽类的差别仅在于程度的不同。[56]有些哲学家甚至指出，有些人与其他人之间的差别，比人与某些动物之间的差别还大。因此，构成人类与兽类的种差的不是人的知性，而是人的自由施动者身份。大自然支配所有动物，兽类服从支配，人同样也感受到大自然的影响，但人自认为有服从或不服从的自由，而主要就是由这种自由的意识显出人的灵魂的灵性，物理学虽能在某种意义上解释感觉的机理和概念的形成，但在意志能力上，或者更确切地说，在选择能力以及对这种能力的意识上，我们发现用力学定律根本无法解释纯粹精神的行为。[57]

然而，即使在所有这些问题上出现的困难，为人类与兽类之间的种差问题还保留了一些讨论的余地，但还有一种非常特殊的性质能够不容置疑地区分两者。这就是完善化能力，这种能力借助于环境渐渐开发人的其他一切能力，而且这种能力既存在于个体身上，也存在于全人类中。一只野兽出生几个月后的模样，一生都不会改变，而这种兽类经过千余年的演化，其模样还是这类动物在这千余年中头几年的模样。然而为什么只有人容易变成痴呆呢？是不是因为他就此返回到原始状态了？是不是兽类由于什么也没有获得，也就无所谓失去，因而始终保持着本能，而人则由于年迈或其他事故，丧失了完善化能力[58]使他获得的一切，从而跌落到比兽类还要差的状态？可能令人悲哀的是，我们不得不承认，正是人的这种特殊而且几乎无限的能力成了人的一切不幸的根源。正是这种能力，随着时间的推移，使人脱离原本可以安宁淳朴过日子的原始状态；正是这种能力，千百年来启迪了人的智慧，也引发了人的谬误，萌生了人的善恶，最终使人成为他自己和大自然的暴君。[注九]据说奥勒诺科河岸边的居民把木片贴在孩子们的太阳穴上，指望这样至少能让他们保留一部分愚笨和原始的幸福[59]——要是我们不得不把发明这种巫术的人誉为大救星，那就有些可怕了。

大自然让野蛮人只受本能支配，或者更确切地说，还赋予

97

野蛮人某些器官能力来补偿其本能上可能缺乏的东西，这些能力起先能够弥补所缺，然后又能使他大大超越本能。因此，野蛮人的活动都是先从纯动物性的官能开始的。[注十] 观察和触摸必定是其最初的活动状态，在这一点上，人和所有动物都一样。愿意和不愿意，希求和害怕可能是人最早的几乎也是唯一的精神活动，直到新的情况引起新的能力开发为止。

尽管伦理学家说人的知性大大受惠于人的情感，60 但人们普遍认为，人的情感也大大受惠于人的知性。正是通过情感的活动，人的理性才得到完善，因为人正是为了追求享受才去追求知识的。因此很难设想，既无所畏惧也没有欲望的人会劳心费神地进行思考。情感本身发源于人的需要，而它的发展又受动于人的知识。61 因为对于任何事物，人都是在有了概念之后才会去希求它或畏惧它，否则就是纯粹出于本能的冲动。野蛮人由于没有任何知识，只能有后一种情感，他的欲望不外乎是生理的需要。[注十一] 在世间万物中，他仅知道食物、女人和睡眠对他有利，也仅知道痛苦和饥饿对他有害并为之胆战。我说的是痛苦，而不是死亡，因为动物从不知道什么是死亡，认识死亡和害怕死亡是人脱离动物状态时最先获得的品质之一。

若有必要，我很容易用事实来支持这种意见，62 还可以证明，世界上各民族的知性的发展，与该民族的自然需要或环境迫使他们产生的需要正好适应，因此也就与诱使他们去满足这些需要的欲望正好适应。我可以指出，艺术就是在埃及兴起并随着尼罗河的泛滥传播开来的，我还可以沿着艺术的进步历程进入希腊，看到它们在那里的阿提卡砂地和岩石上生根发芽，苗壮成长，耸入云霄，却不能在欧罗塔斯河肥沃的两岸扎下根来。我还注意到，一般说来，北方的民族比南方的民族更心灵手巧，[63]因为如果不是这样，他们就不能生活。好像大自然有意想以此来保持事物的平衡，如果不让土壤肥沃，就让人的思想富饶。

但是，即使不援用这些不确定的历史证据，我们也能看出，一切事物都好像在阻碍野蛮人拥有摆脱其所处状态的愿望和手段。例如，他的想象力产生不了图画，他的头脑提不出问题，他那一丁点儿需要随手即可满足，他还远没有那种驱使他获取更多需要所必备的知识。所以，他既不可能深谋远虑，也不可能有好奇心。大自然的景象总是那种秩序，总是那种轮回，他已经熟视无睹。他没有很强的知性，不会对自然奇观感到惊异。他的头脑中没有促使他去观察常见事物的哲学思想。他的思想受不到任何刺激，完全沉湎于对他当前存在的感觉之中，没有任何关于未来的概念，哪怕这个未来就在眼前。他的打算和他的目光一样短浅，勉强能延伸到一天的终了。据说现在加勒比人的预见程度还是如此：早上卖掉棉花床垫，晚上又嚷着要买回来，连第二夜的需要还考虑不到哩！[64]

我们对这个问题思考得越多，看到纯粹的感觉和最简单的认识之间的差距就越大。很难想象一个人不与他人交流，不受生活需要的激励，仅靠他个人的力量就能跨越这么宽的鸿沟。人经过了多少世纪，才找到了不是来自天上的火？人又必须经过多少次偶然的机会，才了解火的最普遍的用途？人必须让火熄灭多少次之后，才学会生火的方法？而且生火的秘诀要过多久才不会与发现者一起消失？关于农业这种技艺，我们应该说些什么呢？农业需要太多的辛苦劳作和深谋远虑，又和太多的其他技艺有关，因此很明显，它只有在至少已经发端的社会中才能产生。这种技艺不是用来为人从土地中获取食物的（因为即使没有它，土地本身也能提供充足的食物），而是用来使土地产出最合人口味的东西的。但是如果我们假定，由于人口增长太快，天然产品已供不应求（这个假定也显示了人类这种生活方式的强大优势）；假定没有铁匠铺和工场，耕地用的农具从天上掉下来落到野蛮人手中；假定他们已经克服了对连续劳动的极度厌恶情绪；假定他们已经能早早预见他们的需要；假定他们已经悟得了耕地、播种、植树的方法；假定他们已经发现了磨麦子和用葡萄酿酒的技术——所有这些，想必都是神告诉他们的，因为我们设想不出他们自己发现这些事物的方法。然而，这以后又会怎样呢？有谁会精神失常，自找麻烦去耕种一块土地，然后让随便路过的可能对成熟的庄稼感兴趣的人或野兽劫掠？一个明知他的劳动果实越是该到手时就越是难以到手的人，怎么会下决心为此辛苦劳作一生？总之，如果土地还没有分配给个人，即人的自然状态尚未消失，这种处境怎么会吸引人去耕种土地？[65]

如果我们假定一个野蛮人有我们今天的哲学家那样灵巧的思维艺术，如果我们按照他们的样子把这个野蛮人设想为哲学家，能够独立地揭示最崇高的真理，能够基于对普遍秩序的热爱，或基于造物主已为人们所知的意愿，通过非常抽象的推理，得出公正和理性的准则——总之，如果我们假设他是非常聪明、非常开化的，而事实上却发现他非常呆板、非常愚蠢，那么，人类从这个野蛮人的那一套无法交流、自生自灭的形而上学中，又能获得什么教益呢？人类在丛林里散居于野兽之中，会取得什么进步？人们既没有固定栖所，又不需要互相帮助，一生难得遇见两次，互不认识，互不交谈，他们的自我完善和相互启发又能达到什么程度？

请想一想人类有多少概念受惠于说话能力的运用；想一想语法对思想活动进行了多少训练，提供了多少方便；想一想人类为创造语言所花费的难以置信的力气和无法估量的时间。把这些思考同前面的思考联系起来，我们就可以看出，要经过多少年多少代，人有能力进行的那种思维活动才会在人类精神中形成。

请允许我花片刻时间谈谈语言产生时所遇到的困难。在这里，引用或复述一下孔狄亚克神甫在这方面所做的研究也许就够了。他的全部研究充分证实了我的看法，而且也许就是这些研究使我产生了最初的概念。然而，这位哲学家解决他为自己提出的现有语言符号的起源这一难题的方式表明，他的假设条件正是我要问的问题，即在语言的创始者中是否业已建立了一种社会，因此我认为在参考他的想法时，应该附上我自己的想法，[66]以便把与我的主题相应的困难提出来。第一个出现的困难是设想语言是怎样变得必不可少的。因为那时人与人之间毫无交流，也无须建立这种交流，如果语言并非必不可少，我们就不能设想这种发明的必要性，也不能设想它的可能性。我可以像多数人那样，肯定语言是在父母及孩子之间的家庭内的交际中产生的。但是这不但没有解决困难，反而又犯下了某些人已经犯过的错误，即在由自然状态进行推论时，掺入由社会状态得到的概念。这些人认为一家人始终住在同一屋檐下，家庭成员像我们现在一样，保持着持久的亲密关系，就像现在的家庭，靠很多共同利益把全体家庭成员维系在一起。然而在原始状态下，人们没有房屋，没有茅棚，没有任何房地产。每个人都是随地找个栖身之处，而且往往只住一夜。男女交媾也是偶然地根据机遇、机会和欲望来定，他们之间要交流的东西并不是非常需要用话语来表达，他们分手也同样简单。[注十二]母亲给婴儿哺乳首先是她自己的需要，以后当母子相互熟悉、亲爱起来时，她才为了孩子来喂养他。但是孩子一旦能自己寻找食物了，就会毫不迟疑地离开母亲。以后母子要想保持相认，除了一直不离左右外，别无他法；否则要不了多久，母子再次相遇时，就形同陌路了。我们还要注意到，孩子的所有需要得表达出来，因此他要对母亲说的话肯定多于母亲要对他说的话，因此，在语言的发明上，儿童出的力必定是最多的。儿童所用的语言很大一部分都应该是他自己创造的，[67]因此使用语言的人数有多少，语言的种数就有多少。人类漂泊不定的流浪生活更使得语言变化无常，任何习语都来不及稳定下来。如果说是母亲教会了孩子一些词，要他使用这些词向她要这要那，这的确能说明人们如何教授已经形成的语言，但并不能说明语言的形成过程。

我们假定这第一个困难被克服了，下面我们暂时跨过纯粹的自然状态和人类对语言的需要之间必定存在的漫长的间隔期，先假定语言是必要的[注十三]，然后探究它们是如何开始确立下来的。这个新困难比前一个困难更难解决，因为，若要说人需要靠说话来学会思考，那么人更需要先会思考，才便于找到说话的技艺。[68]即使我们能够理解说话的声音是如何被用作表达概念的约定的工具的，我们仍需要知道，如果有些概念由于没有可感知的对象，因此既不能用手势也不能用声音来表达，那么对于这种概念，人们所约定的表达工具可能是什么。因此，对于语言这种用于人的思想交流并使人的头脑之间产生联系的技艺的诞生，我们很难做出使人信服的推测。这种卓越的技艺[69]已经离开其起源这么远了，而哲学家们还在考虑它离完善那么久远的以前的状况，以至即使随着时间的推移必然会发生的变革都为之暂缓发生。即使学者们摈弃偏见或不听信偏见，即使学者们几百年来一直在专心致志地处理这个棘手问题，也没有人敢断言它是如何于某一天终于臻于完善的。

人类最早使用的语言，也就是人在必须通过说话让一起居住的人了解其意图之前所使用的最广泛、最生动而且也是唯一需要的语言，当属人自然发出的叫声。[70]这种叫声只是人在紧急情况下本能地发出的，为的是在遭遇严重危险时呼救，或者减轻剧烈的疼痛，故在情感受到节制的人类日常生活中并不常用。当人的思想观念开始发展和变得复杂时，当人与人之间建立起更密切的联系时，人们就要创造更多的符号和更广泛的语言。他们要增加声音的音调变化，再辅以手势，这些手势本质上更富有表达力，而且其含义不太依赖于事先的规定。于是他们用手势表现可见的和运动的物体，用拟声表现耳朵能听见的东西。不过，手势几乎只能表现实际存在的或易于描述的事物以及可见的活动，使用范围也有限（因为黑暗或被物体阻挡就使之无效），而且它是强求别人注意而不是激起别人注意；因此，人们最终想到要用清晰的音节来代替它们。这些音节与某些概念并无同一的关系，但更适于作为符号来表现一切事物。但这种替代只有得到大家的同意之后才能进行，而且对迟钝的发音器官还未受过任何训练的人来说，这种替代也不易实行。[71]既然要得到大家的一致同意必须说明理由，那么，言语就是十分必要的了，以能够确立言语的用法。因此，这种替代本身也很难理解。

我们可以认为，人类最早使用的词，在当时人的头脑中的含义，要比在已经形成的语言中所用的词的含义广泛得多；我们还可以认为，他们由于不知道划分句子成分，起初会对每个词都赋予一个完整句子的含义。[72]当人开始做区分主语和表语、动词和名词这种不寻常的天才的工作时，名词起先还只是专有名词，不定式的现在时[73]是动词的唯一时态[74]。形容词[75]概念的形成肯定很困难，因为它们都很抽象。而抽象是一种费力的思维活动，而且不大可能是人们天生就会的。

起先每个物体都有一个特定的名称，没有考虑它的属和种，因为最早的创始者还不能对这些进行划分。这些单个的词全都孤立地出现在他们的头脑里，就像在大自然中的景象一样。如果把一棵橡树叫作甲，另一棵就叫作乙，因为人对这两棵树最初的概念是，它们不是同一棵树；而且常常要花很多时间来观察它们的共性。[76]因此知识的范围越窄，词汇量就越大。使用这些词汇所遇到的麻烦不是轻易就能消除的，因为要把世间所有存在之物按统称分门别类，就必须了解它们的属性和差别。[77]这需要观察和定义，也就是说，需要比当时人类所拥有的要多得多的博物学和形而上学知识。

此外，一般概念只有借助词汇才能被人的头脑采纳，而且也只有通过语句才能被人理解。动物之所以不会形成这样的概念，也永远不能获得依赖于这些概念的完善化能力，其原因就在这里。例如，一只猴子吃了一颗核桃又毫不迟疑地去拾另一颗核桃，我们能认为它对这种果实有个一般概念吗？它能把这种物体的范型与这两颗核桃个体进行比较吗？毫无疑问：不能。但是它看到这颗核桃，便回忆起它从前一颗核桃上得到的感觉，它的眼睛以某种方式调整后，便向它的味觉发出其将要接受的调整的预报。所有一般概念都是纯理性的概念，只要稍微掺入一点想象，就立即变成特殊概念。你试试画一棵一般的树吧，你就永远画不成它。不管你怎么看，你都必定看到：它要么是棵小树，要么是棵大树；要么枝叶稀疏，要么枝繁叶茂；要么是浅绿色，要么是深绿色。如果你只根据从所有树上看到的共同的东西来画，那么这棵树就不像一棵树了。纯粹抽象的存在都是以这种方式被人认识的，或者只有通过语言才被人理解。仅仅用三角形的定义就可以给你一个关于三角形的真实概念：当你在头脑中想象一个三角形时，它就是这样一个三角形，而不是另一个三角形，而且你不能不赋予它三条实实在在的线，或一个着了颜色的面。因此，我们必须用语句，也就是说必须用语言来形成一般概念。[78] 因为想象活动一旦停止，思维活动就只有靠语言帮助进行了。因此，如果说语言创始者只能给他已经拥有的概念命名，那么最早的名词就只能是专有名词。

但是，当最早研究语法的人采用我无法理解的方法，着手扩充他们的概念，归纳他们的词汇时，由于这些创始者知识贫乏，因此必定将这种方法局限在很窄的范围内。他们起先由于不知道存在物的属和种，创造的个体名词太多，后来又由于没有考虑到存在物的所有种差，创造的名词又太少。要想划分得足够细，就必须拥有比他们所能拥有的更多的经验和知识，就必须进行比他们所愿意从事的更多的研究和劳动。然而，如果说即使在现在，人们每天还能发现以前未观察到的新物种，那么可想而知，早先有多少物种被那些只根据最初见到的事物的外表进行判断的人忽略了！至于原始的类别和最一般的概念，就更不用说了。例如，他们怎么能够想出或理解物质、精神、实体、样态、象征、运动这些词？这些词我们的哲学家虽然已经用了很久，可他们至今理解起来都很困难哩。况且这些词所表达的概念纯属形而上学的，在自然界找不到任何对应的模型。

但是我要在此暂停一下，也请我的评判者们等一会儿再读。请你考虑一下，在创造了物质名词即语言中最容易创造的部分之后，要使语言能够表达人的全部思想，取得固定的形式，可以被公众讲说，可以对社会产生影响，人们还需要做哪些事情。我请你们考虑，必须花费多少时间，必须拥有多少知识，人们才能发现数词[注十四]、抽象词、不定过去时[79]、动词的所有时态、小品词、句法、发现连接分句的方法、推理的形式甚至语言的全部逻辑。至于我，由于害怕这些层出不穷的困难，并确信几乎无法证明语言单靠纯人类的手段就能产生和确立，于是只好把社会的创立和语言的创造这两件事究竟孰为先决条件这一难题[80]，留给那些愿意讨论的人去讨论了。

但是，不管语言和社会的起源如何，在使人具有社会性，并使人们之间建立联系方面，大自然所做的贡献是微乎其微的，这至少可以从以下这一点看出来，即大自然很少操心通过人们的互相需要使人们产生联系，又很少为人们的说话提供便利。事实上无法想象，人在那种原始状态下，与猴子或狼相比，为什么更需要其同类。就算有人有这种需要，也难想象别人会出于什么动机愿意来满足他的需要。即使别人可以满足他的需要，也难想象他们怎样能就一些条件达成一致。我知道有人总是说，人类在这种状态下，所受的苦难最深。如果正如我认为已经证明的那样，只是在经过了好多世纪之后，人才有摆脱这种状态的欲望和机会，那么这种情况也只能归咎于大自然，而不能归咎于大自然所造就出来的人类。但是，要是我对"苦难"[81]这个词的意义理解得不错的话，这个词并没有什么意义，或者只表示一种令人痛苦的被剥夺状态，是身体上或精神上的痛苦。然而，我非常希望有人指出，一个心神安宁、身体健康的自由人会遭受到何种苦难？我要问，社会状态的生活和自然状态的生活，哪一种最令人难以忍受？看看我们周围吧，几乎无人不在抱怨生活，我们甚至看到许多人情愿抛却自己的生命，人类的法律和神圣法则共同干预，都几乎无法阻止这种混乱局面出现。我要问，是否有人曾听说，一个自由的野蛮人想过要抱怨生活，想过自杀？因此让我们少带点虚荣心来判断一下，真正的苦难在哪一边吧。相反，一个野蛮人如果被智慧之光刺得眼花缭乱，被情感折磨得寝食难安，对与他所处状态不同的状态进行思考，这倒是最不幸的。因此可能正是无比智慧的天意所决定的，野蛮人的潜在能力[82]只该随着运用这些能力的机会一起渐渐开发出来，这样，对他来说，这些能力既不会由于过早出现而成为多余的负担，又不会姗姗来迟，到需要时却用不上。在自然状态下，人仅仅依靠本能就能获得生活所需；在社会中，人必须拥有发达的理性，才拥有生活所需的一切。

乍一看，在自然状态下，人与人之间似乎既没有任何伦理方面的联系，又没有明确的义务。因此他们既不可能好，又不可能坏，既没有恶，又没有善。[83] 除非我们让这些词带上生理上的意义，如称个体身上那些可能于他自身保护有害的品质为"恶"，称那些于他自身保护有利的品质为"善"。在这种情况下，应该称最不抵御纯自然冲动的人为最善的人。但是，如果我们要遵循一般的情理，就应暂且不去对这种情况进行评判，并要防止带有偏见，以公正的天平来衡量一下，看看在文明人身上，善是否多于恶；或者看看善产生的好处是否多于恶产生的坏处；或者看看随着人们逐渐了解他们互相应该做的善事，他们的知识的长进是否能够弥补相互造成的伤害；或者从总体上看，他们是否会处在这样一种处境：既不用担心受到别人伤害，又不想得到别人的好处——这比不得不处处受人支配，不得不接受一切，却什么也得不到的处境要幸运得多。[84]

我们尤其不要做出霍布斯那样的结论，即认为由于人没有任何善的概念，因此人必定天生就是邪恶的，他作恶是因为他不知道美德。他拒绝向同类提供帮助，因为他认为这不是他的义务。也不要得出这样的结论，即认定人会依照对所需一切东西合理拥有的权利，狂妄地以整个宇宙的统治者自居[85]。霍布斯非常清楚地发现了近代有关自然权利的定义中的缺陷，但是从他自己的定义得出的结论说明，他所理解的意义同样也是错的。若根据他提出的原理进行推论，他就应该这样说，在自然状态下，人的自我保护行为决不会伤害到别人，因此这种状态最能促进和平，最适合人类。可是他说的正好相反。他把满足大量欲望的需要，不适当地加到野蛮人的自我保护行为中，而这些欲望是社会状态的产物，也正是这些欲望使法律成为必要。霍布斯称恶人就是一个强壮的孩子。我们还须知道野蛮人是不是个强壮的孩子。我们要是承认他是，会得出什么结论呢？如果这个人身体强壮时和身体虚弱时一样都要依靠别人，那么他就会无恶不作了。例如：当母亲给他喂奶时手脚慢了点儿，他就会打她；当他嫌一个弟弟碍手碍脚时，他就会掐死他；当别人撞了他或打扰他时，他就会咬人家的腿。但是，在自然状态下，一个人既强壮又依赖别人，这个假设是相互矛盾的。人在依赖别人时应该是软弱可欺的；而在他变得强壮前，他就已经能独立自主了。霍布斯没有看到，正是法学家们所说的那种阻止野蛮人运用理性的原因，如同霍布斯自己所断言的，也阻止野蛮人滥用他们的能力。因此我们可以说，野蛮人不是恶人，是因为他们不知道什么是善；因为阻止他们作恶的，既不是人的智力的开发，也不是法律的约束，而是情感的平静和对邪恶的无知。"因为这些人对恶无知比那些人知道善更为有益"。[86]此外，人类还有一个本性霍布斯没有发现。大自然将这种本性赋予人，使他能够在一定场合，由于本能地不愿看到同类受难，从而抑制他的狂热的自尊心[注十五]，或在自尊心产生之前，抑制他的自我保护欲，抑制他追求个人幸福的热情。[87]我认为不必担心会有人对人的这种唯一的自然美德持有任何异议，因为就连对人类美德进行最偏激的诋毁的人，[88]也不得不承认有这种美德。我说的这种美德就是怜悯，这是人的一种禀性，它适合于像我们这样软弱并且易遭受这么多不幸的生灵。由于这种美德在人会思考之前就已经存在，所以更普遍，对人类更有益。而且它又是那么天然，就连兽类有时也表现得很明显。且不说母兽对幼崽满怀柔情了，它们为了保护幼崽，赴汤蹈火也在所不辞。我们平时还看到马也不愿意践踏小生灵。动物从同类的尸体旁经过不会无动于衷，甚至还有动物会为死去的同类举行葬礼。我们还听到牲畜在被拉进屠宰场时发出的凄厉的叫声，说明它们对所看到的恐怖场面有深刻的印象。我们高兴地看到，《蜜蜂的寓言》的作者[89]也不得不认为，人是具有同情心、有感情的生灵。这位作者在所举的例子中，一反他冷酷和敏锐的文笔，向我们展示了一幅悲怆的画面：一个人被关在笼子里，眼睁睁地看着外面一头野兽把一个孩子从他母亲的怀中抢走，用利齿咀嚼着孩子的肢体，用利爪撕扯着孩子的突突直跳的内脏。尽管这事与他无关，但这个场面对他来说是多么可怕的刺激啊！不能救援这个昏厥的母亲和她的垂死的孩子，他是多么焦急不安啊！

这就是纯天然的感情，是不用思考就有的感情。这就是天生怜悯心的力量，是最堕落的品行都难于摧垮的力量。因为我们在剧院里经常看到有人为剧中不幸的人流下同情的眼泪，而假使这些人处于暴君的地位，甚至还会加重对敌人的折磨。就像嗜血成性的苏拉，对不是由他造成的不幸也会感到同情；或者像菲尔王亚历山大，[90]不敢去观看悲剧，怕被人瞧见他会和安德罗马克和普里亚姆一起唉声叹气，而在平时，被他命令处死的那么多民众哭号震天，他也能丝毫不为所动。

> 人的眼泪是大自然的赠品，
>
> 它表明人类有一颗最仁爱的心。[91]

曼德维尔显然感觉到，尽管人类那么有道德，但如果自然不用怜悯来支撑人的理性，人就与恶魔无异。但是他没有看到，他所否认的人类的一切社会道德，正是从怜悯这种品质产生的。如果大度、宽厚、仁慈不正是对弱者、对罪人或对整个人类的怜悯，那么又是什么呢？如果理解不错的话，甚至亲切、友谊也不过是怜悯在具体对象上的表现，因为希望某人不受苦与希望他幸福，难道不是一回事吗？即使同情确实不过是驱使我们为受苦人设身处地着想的一种情感[92]，是一种在野蛮人身上表现得朦胧而强烈，而在文明人身上表现得成熟但微弱的意识，这种看法如果不是对我所说的论点的真实性更有力的支持，还有什么其他意义吗？实际上，如果旁观的动物越是深切地把自己认同于受难的动物，其同情心就越是强烈。不过，这种认同感在自然状态下，显然比在理性状态下要深切得多。是理性使人产生自尊心[93]，思维又使之增强，是理性使人多考虑自我，也是理性使人远离烦扰折磨他的一切。哲学思维把人孤立起来。正是由于哲学思维，人才会在见到别人受难时，暗自在心里说："去死吧，随你的便，反正我是安全的。"只有那些危及整个社会的危险，才能搅得哲学家不能安睡。有人在他的窗子底下杀死他的同类却逍遥法外，他只是捂住自己的耳朵，稍微为自己辩解一下，就阻止了自己的本性背叛他自己，阻止了自己的本性同情这个不幸的死者。野蛮人就没有这种令人钦佩的才能，而且由于他缺乏智慧和理性，总是愚蠢地听凭这种原始的情感支配。例如，在骚乱中，在街头斗殴中，贱民啸聚一起，而谨慎的人则站得远远的，但最后往往还是群氓，是卖菜的妇女，挺身而出隔开打架的双方，阻止上流社会有教养的人自相残杀。[94]

于是可以肯定，怜悯是人的一种天生的情感，能克制个人身上的强烈自爱情绪，促进全人类的互相保护。正是怜悯，使我们见到有人遭受苦难便毫不犹豫地去救助他；正是怜悯，由于具有能打动任何人的声音，因此在自然状态下起了法律、道德、美德的作用；正是怜悯，使得身强体壮的野蛮人，在自己有望从别处得到生活必需品时，就不去抢夺孺子和老人辛苦觅得的衣食；正是怜悯，不用"你愿意人怎样待你，你也要怎样待人"[95]这条公正合理的古训，而用那句人性善的格言来启发所有人——"你为自己谋利益，要尽可能少损害别人"；后一句虽然很不完善，但比上一句更有教益。总之，即便一个人不知道这些有教益的格言，在作恶时自己也会内疚，个中原因应该从怜悯这种天然情感中寻找，而不是从任何精妙的论据中寻找。虽然也许只有苏格拉底及具有他那种头脑的人才能通过理性来获得美德，但是如果人类的保护只有靠人们讲道理才能实现，那么人类早就不成其为人类了。

自然状态下的人，与其说是邪恶的，不如说是野性的。他们的情绪很少激动，又受到十分有益的约束，只注意防备可能受到的伤害，而不蓄意去伤害别人，因此不会动辄就陷入十分危险的纷争。由于他们之间没有任何交往，从而也就不知道什么是虚荣、尊重、敬意和蔑视，绝少有你的、我的之分，没有关于公正的确切观念。他们把可能遭受的暴力当成可以补救的伤害，而不是当作应当受到惩罚的罪行。除了像狗啃咬砸它的石头那样，无意识地当场进行报复之外，甚至没想到事后要进行报复。他们之间的争斗，如果不是比食物更敏感的起因，很少有流血的严重后果。不过，我知道也存在一种更严重的危险，下面就来说一说。

　　在能够使人激动的情感中，有一种使两性互为需要的情感，像火一般炽烈狂热。这种强烈的情感能使人敢冒一切危险，扫除一切障碍。尽管这种情感的本来目的是保护人类，但它狂热起来也能摧毁人类。若人类总是为炽烈的爱情所苦，不知羞耻，不加克制，天天为争夺情人而流血，那会变成什么模样！

　　首先必须承认，这些情感越强烈，就越需要用法律来约束。但是，从我们中间平时由这种情感引发的混乱和犯罪来看，法律在这方面是无能为力的。不仅如此，我们还得考察一下，这些混乱是否就是随着法律本身一起产生的。因为这时就算法律能够抑制这种犯罪，但指望法律能阻止那些没有它可能不会发生的罪恶，那是对法律提出的毫无意义的要求。

让我们先来区分一下人的爱情中伦理的成分和生理的成分。生理的成分就是促使两性结合的一般性欲，伦理的成分就是引起这种欲望，并将这种欲望排他性地固定于唯一的对象上，或者至少使这种欲望对所偏爱的对象表现更为强烈。不过容易看出，爱情中伦理的成分是一种人为的情感，是由社会习俗产生的。这种情感被女人们极尽巧饰、大加颂扬，以便建立她们的支配权，使本应服从的女性处于统治地位。[96]这种情感以野蛮人不可能有的有关功绩和美丽的一些观念为基础，还以野蛮人不可能进行的相互比较为基础，所以几乎可以肯定，野蛮人没有这种情感。因为他的头脑不可能产生像端正和匀称这种抽象的概念，他的心也就感受不到仰慕和爱恋的情感，这种情感是人们在运用这些概念时，不知不觉地产生出来的。野蛮人不受审美能力支配，因为他还没有获得这种能力，他只受天然的性欲支配，因此任何女人都能满足他的需要。

野蛮人的爱情只具有生理的成分，[97]而且十分幸运的是，他们对能在其身上激发这种情感并增加满足这种情感需要的难度的人的那些优良品质一无所知，因此他们的情欲的冲动想必就不太频繁，也不太强烈，从而他们之间的争端发生得就更少，也不太残酷。使得我们如此心神不宁的幻想，却打动不了野蛮人的心。他们心平气和地等待天然性冲动的产生，然后无选择地任它摆布，只有愉悦，没有热忱。需要一经满足，欲望随之消失。

因此，毋庸置疑，爱情本身与所有其他情感一样，只有在社会中才具有某种狂热性，常常给人带来致命危害。说野蛮人为了满足兽性而不停地互相残杀，这就更荒谬了，因为这种看法完全不符合实际情况。[98]例如加勒比人是现存的脱离自然状态程度最低的几个民族之一，尽管他们生活在炎热的气候下（这种气候似乎最易于激发人的情欲），但恰恰就在爱情方面他们显得最平和，最少忌妒心。

许多雄性动物都会为争夺雌性而激烈拼斗，我们的养禽场常常因此被弄得血迹斑斑，春天的森林也因此而回荡着可怖的噪叫。但我们不能由此断定人类也存在着类似于公鸡之间的争斗。人毕竟与那些动物不同，因为大自然对人类两性相对能力对比关系的安排，显然不同于对那些动物的安排。在雌雄比例相差比较明显的动物中，发生争斗的原因只有两种：要么是雌性动物的数量比雄性动物少，要么是雌性动物拒绝与雄性动物接近的排斥期较长。这第二个原因与第一个原因其实是一回事，因为，雌性动物一年中愿意与雄性动物相处的时间如果只有两个月，这等于说雌性动物的数量只有雄性动物的六分之一。然而这两种情况都与人类不相符，因为一般来说，女性人数超过男性人数，而且即使是野蛮人，也从未发现女性像其他类雌性动物一样有发情期和排斥期。此外，有几种动物由于会整群地一齐进入性兴奋状态，于是便出现一个普遍热烈、喧嚣、骚乱和争斗的可怕时期。而人类的情爱不是季节性发生的，因此不会出现这种时期。所以我们不能根据某些动物为了占有雌性而发生争斗这种情况，就推断出处于自然状态的人也会发生这种情况。退一步说，即便能够做出这种推论，由于这种争斗并未给其他类动物带来毁灭，因此我们至少不必认为它对人类就更具致命性。很明显，这些纷争在自然状态下造成的破坏比在社会中造成的破坏还要小些。倒是在那些还十分重视风化的国家，情人之间的忌妒之心、丈夫之间的复仇之念，成了决斗、谋杀等严重罪行的常见原因。在这些国家，永久忠贞的义务只会诱发通奸行为，[99]而那些有关禁欲和贞操的法律本身必然会促使人们放荡荒淫，导致非法堕胎增加。

于是我们可以得到这样的结论：野蛮人在丛林中漂泊游荡，没有技艺，没有语言，没有栖所，与人无争也不与人交际，既不需要别人帮助，也无害人之念，甚至可能从未能够对人进行辨认。他们没有什么情感，并且自给自足，只具有与其状态相应的意识和智力。他只感到实际的需要，只留心他认为必须注意的东西。他的知性也只发展到了有点儿自负的程度。如果偶然有所发现，他也不能与别人交流感想，因为他连自己的孩子都不认识。即使有所发明，那也将与其发明者一同消亡。没有教育，也没有进步；一代一代毫无进展地繁衍下去。每代的出发点都相同，那混沌初开的蒙昧时代不知过了多少世纪，人类已经老了，而人依旧是个稚童。

我之所以要用这么长的篇幅来详细描述这种假想的原始状态，是因为我要消除年代久远的谬误和根深蒂固的偏见[100]。我认为必须挖到根源，并且用一幅自然状态的真实图画来表明，在这种状态下，即使是自然的不平等，也远没有现代学者们所说的那样真实，那样有影响。

其实很容易看出，在使人们各个相异的差别中，有许多曾被认为是自然产生的差别，不过是社会中的人所采取的生活方式和生活习惯的产物。因此，体格健壮还是娇弱，以及与之相应的力量强大还是孱弱，常常就取决于人受教养的方式是严酷还是温和，而不取决于人的原始体质。人的思维能力也是如此，教育不仅使有教养的人和没教养的人之间存在差别，而且即使在有教养的人之间也因文化水平的高低不同而存在差别。因为一个巨人和一个侏儒在同一条路上行走，每走一步都会增加他们之间的差距。不过，如果把社会状态下不同地位的人所受的教育和生活方式的巨大差异，与吃的食物相同、生活方式相同、做的事情也完全相同的动物般的原始生活的简朴和单调比较一下，我们就能看出，自然状态下人与人之间的差别比社会状态下人与人之间的差别必定要小得多，人为的不平等必定会使自然的不平等大大加深。

但是，即使大自然在给人分配天赋时怀有人们所说的那种偏心，但在人与人之间几乎不存在任何关系的状态下，一些幸运儿得到好处对于其他人又有什么损害呢？在没有爱情的地方，美丽何益之有？不说话的人要聪明有什么用？与他人不打交道的人要计谋干什么？我总是听人说，强者都会压迫弱者，但愿有人能给我解释"压迫"一词在此处的含义。一些人用暴力施行统治，其他人则为受到他们专横跋扈的奴役而呻吟，这正是在我们中间发生的情景，但是我不知道这个词怎么能用到野蛮人身上，因为他们很难理解我们所说的统治是什么意思。一个人确实可以抢夺别人采摘的果实和杀死的猎物，侵占别人赖以栖身的洞穴，但是他怎么能够让别人来服从他支配呢？人人都是一无所有，相互之间能建立什么从属关系？[101]假如有人要把我从一棵树上撵走，我到另一棵树上去就是了。假如有人不要我在一个地方待，他还能阻止我到别处去吗？倘若不巧，我真的遇到一个力气比我大，又非常坏、非常懒、非常凶的人，强迫我为他弄吃弄喝，而他却游手好闲，那他就得当心，他的眼睛必须时时刻刻盯着我，他必须把我捆牢再去睡觉，以免让我跑掉，或者被我杀了。那就是说，他为自己找了一个别人唯恐避之不及的大麻烦，比给我造成的麻烦还要大得多。无论如何，他的警惕性总有松弛的时候吧？一种意外的声响总会让他转过头去吧？我立刻就会跑出二十步，消失在树林中，砸碎身上的锁链，他这辈子别想再见到我。

不用再浪费笔墨了。每个人想必都能看出，只有当人们相互依赖，即人们的相互需要把他们联系在一起时，才能形成奴役关系。不先让一个人落入离了别人不能生活的处境，就不可能使他沦为奴隶。而在自然状态下就不存在这种处境，因为在这种状态下，人人都不受束缚，最严酷的法律也是一纸空文。[102]

以上我证明了在自然状态下，几乎觉察不出不平等现象存在，也几乎感受不到它的影响。下一步我就要揭示它的起源及其在人类思想不断发展中的演变过程。我还要指出，完善化能力、社会美德以及自然人的其他潜在能力，根本不会自发产生，而是需要许多可能从未有过的外界原因的偶然协同作用才会产生，如果没有这些协同作用，他可能永久地停留在原始状态。下一步就是考虑和比照各种偶然事件，这些偶然事件在使人类堕落的同时，又使人的理性臻于完善，在使人变得爱交际的同时，又使他变坏，最终把那个遥远时代的人和世界变成了我们现在所看到的这副模样。

我承认，我要描述的事件可能以多种方式发生，我只有通过猜测来确定一种方式。[103] 但是，如果这些猜测是可以根据事物的本质得到的最有可能发生的情况，并且是发现真理的唯一手段，那么它们就可以作为论据。此外，我根据猜测推断出的结论，也就不仅仅是猜想。因为根据我刚才确立的原则，不可能形成任何别的不为我提供这种结果的理论，或者说，我从中不可能不得出这种结论。

这样，我就不必去思考下列问题了：事件的真实性不强是如何通过时间的推移得到补偿的；一些无足轻重的原因一旦持之以恒地起作用会产生多么惊人的力量；某些假说并无可靠的事实基础，如何又能显得无懈可击；当列出的两个真实事件需要用一系列未知的或被认为未知的中间事件连接起来的时候，如果历史记载中有这些事件，就用它们来连接，如果历史记载中没有，那么就由哲学来确定能够连接它们的类似事件；最后，在事件方面，众多的事实可以根据其相似性分门别类，其种类会比我们想象的要少得多。我将这些线索提供给我的评判者去思考，而我只要做到让一般读者无须去考虑就行。

第二部分

谁第一个圈出一块土地，大言不惭地说"这是我的"，并且找到一些傻乎乎的人相信了他的话，谁就是文明社会的真正奠基人。假如这时有人拔掉木桩，或者填平沟渠，并向同胞们大声疾呼："不要听信这个骗子的鬼话！如果你们忘了果实属于大家而土地不属于任何人，你们就全完了！"[104]那么人类将免除多少犯罪、战争和谋杀，免受多少不幸和恐怖啊！但是当时事态的发展，很可能到了不能再保持以前那种状态的地步，因为在人的头脑中，私有制的概念不是一下子形成的，它与以前产生的许多概念有关，而这些概念只能是相继产生的。人类必须获得许多进步，获得许多技艺和知识，世世代代往下传，并且不断地使之增长扩充，才会走到自然状态的末期。因此，我们要回溯到久远的从前，尽力本着一种观点，以最自然的顺序把一系列缓慢发生的事件和知识连接起来。

人的第一个意识是他的存在意识。他所关心的首要事情是自我保护。大地为他提供了生活必需的东西，本能驱使他去利用它们。饥饿和其他欲念使他相继采取各种生存方式，其中有一种欲念促使他繁衍后代，而这是一种盲目的欲念，不含任何发自内心的感情，只会产生纯粹的动物行为。需要一经满足，两性彼此就不再相识，甚至孩子一旦能自立，也不再属于母亲。

这就是人类的初始状态，人起先只过着纯感觉的动物般的生活，几乎不去利用大自然赋予的资质，也根本不想向大自然索取什么东西。但是人不久就遇到了困难，必须学会克服它们。例如：树太高，树上的果子人够不着；其他动物与人争夺食物；还有觊觎人性命的猛兽。所有这些都迫使人去努力进行身体训练。他必须锻炼得机敏灵活，奔跑迅速，精力充沛，斗志顽强。他很快就会利用树枝、石块这些天然武器。他学会了克服大自然的障碍，学会了在必要时与野兽搏斗，学会了与自己的同类争夺生活必需物，学会了就自己让与强者的东西寻求补偿。

随着人口的增长，人要关心的事情越来越多。土地、气候和季节的差异必定使人的生活方式产生差异。荒年、漫长的寒冬、酷热的炎夏毁掉了大地上的一切，因此他们必须学会新的谋生手段。[105]生活在海边和河边的人发明了钓线和鱼钩，成为渔民和以鱼为主食的人。生活在森林里的人创造了弓箭，成为猎人和尚武之士。居住在寒冷地区的人披上了兽皮。闪电、火山喷发或者某次幸运的机会，使他们认识了火这种能抵御冬天的严寒的新手段。他们学会了保存火种，以后又学会了生火，最终还学会了吃烧熟的肉。

人对其他动物的经常关注，以及人们彼此间的经常相互关注，必定自然而然地在人的头脑中产生有关某些关系的认识。我们用大、小，强、弱，快、慢，胆小、勇敢以及其他一些类似的概念来表达这些关系，这些概念是不由自主并且是几乎不知不觉地经过对比产生的，这些关系最终在人的头脑中引起某种思考，或者说得更确切些，产生一种机械的审慎，向人指示他最必要的安全措施。

由这种发展过程产生的新知识，增强了人相对于其他动物的优势，并使他认识到这种优势。人学会设陷阱来捕猎野兽，用各种计谋欺骗它们。尽管有许多动物在搏斗时力气比人大，跑得比人快，但久而久之，其中有些成了人的役畜，而有些会伤害人的动物，则成了人的猎物。于是人在开始观察自己时，就立即产生了最初的骄傲情绪。就这样，人还在几乎不能区分各类生灵在自然界中的地位时，就把自己这一类看作最高等的动物，也早早准备声称他自己是最杰出的个人了。

尽管在那时人的同类对于他还不像现在我们的同类对于我们这样重要，尽管他与同类的交往几乎不比他与其他动物的交往多，但是他并没有对他们漠然以待。久而久之，他发现了他与他们之间、他自己与女性同类之间的相似之处，从而又能让他推断出他当时未发现的相似之处。他发现，在同样的场合，他们的所作所为都和他一样，因而断定他们的思维和感觉的方式也与他完全相同。这个重要真理在他的头脑中牢固地确立下来，他就凭着一种直觉来寻求最佳的行为准则，这种直觉像推理一样确定无误，但比推理更加即时。为了自身的利益和安全，他应当遵循这些准则。

他由经验知道，追求幸福是人的行为的唯一动机，[106] 于是他发现他能够认识到：在少数情况下，为了共同的利益，他不得不依赖同类的帮助；而在更罕见的情况下，由于利益冲突，他又不得不提防他的同类。在前一种情况下，他与同类结成团伙[107]，但也顶多是组成一种对其中任何人都没有约束力的松散联盟，任务一旦完成，团伙旋即解散。而在后一种情况下，人人都在追求自己的利益，方式各有不同。如果他觉得自己力气大，就直接使用武力；如果他觉得自己弱小，就利用自己的机智。

人就是这样不知不觉地获得了有关相互义务以及履行这种义务的好处的粗略概念，但也只能是就眼前显见的利益而言，因为他们还不会有任何先见之明。他们连第二天的事都不去想，更别说去操心遥远的未来了。譬如一群人要捕猎一只鹿，每个人都清楚地知道，为了成功他必须忠于职守。但是不巧有一只野兔进入其中一人的力所能及的范围内，他就会毫不犹豫地去追击它。而在捕捉到他自己的猎物后，如果因他这样做让大伙的猎物逃遁了，他是很少再放在心上的。这一点用不着怀疑。

我们容易想象得出，进行这种交往所用的语言，不必比抱着同样目的聚在一起的小嘴乌鸦和猴子所用的语言更复杂。长期普遍使用的语言想必就是由含糊不清的喊叫声、大量的手势以及一些拟声构成，不同地区的人再添进一些有音节的约定的声音（我已经说过，这种声音的起源不太好解释[108]）。这样，人们就有了特定的语言。但是这种语言太粗糙，很不完善。现在许多野蛮民族几乎还在使用这种语言。

时间飞逝，要叙述的事情太多，而人类最初的进步又小得几乎觉察不到，因此我不得不在转瞬间掠过千万年。因为事件相继发生得越是缓慢，对它的叙述就越是要加快。

最初取得的这些进步，终于使人类在其他方面加快了进步的速度。[109]人的头脑越来越开化，人的本领也就越来越完善。人很快就不再是随便找一棵树栖息了，也不再隐居于山洞中。人们发现有些坚硬锋利的石块可以用来伐木头、挖土地、砍树枝搭茅棚，后来又想到在墙上糊上泥。这就到了第一次变革的时代。这场变革确立了家庭，产生了一种私有财产[110]，也由此产生了纠纷和斗殴。但是，最早为自己建造茅棚的人，似乎都是强者，因为他们觉得有保卫自己的财产的能力。由此可以推断，弱者发现仿效强者建造茅棚，比企图强占他们的茅棚更容易也更安全。已经有了窝的人，就不会再去强占邻居的。这倒不是由于他认为它不属于自己，而是对他来说，茅棚多了也没有用，而且也不可能不与那一家人进行一番生死搏斗就能占据人家的窝。

丈夫和妻子、父母和子女同住一间房子，这种新处境产生的效果就是人的情感得到早期的发育。同居这一生活习惯产生了人的最甜蜜的情感，即夫妇之间的爱情和父母对子女的亲情。[111]每个家庭成为一个小社会，自由和相互依恋之情是其唯一的纽带，因此这种小社会组织得更加紧密。男人和女人的生活方式，以前一直是相同的，此时开始产生差别。女人们深居简出，习惯于看家和照料孩子，而男人们则外出寻求生计来养家糊口。由于家庭生活的温馨，男女身上的一些勇猛和力量开始渐渐丧失。但是虽说个人不再能够单独地对付野兽了，他们却更容易组织起来共同抗击。

在这种新状态下，生活简单而孤独，生活需要也很有限，所发明的工具也实用，这些使人们生活得非常悠闲。他们利用空闲时间为自己创造了父辈未曾享受的许多舒适条件，但这也给自己套上了未曾料到的第一副枷锁，也为其子孙后代播下了不幸的种子。因为，人们除了继续像这样使自己的身体和精神衰退外，还由于习惯了这些舒适条件而几乎失去享受它们的乐趣。同时，这些舒适条件又转化成真正的需要，使得人拥有它们不觉得有多舒适，没有它们却感到非常难受。于是，人们拥有这些舒适条件并没有什么快乐，而失去它们却深感不幸了。[112]

这里我们能够比较清楚地看出，语言的使用在各个家庭内部是如何不知不觉地确立或完善的；我们还能推测出，各种特定的原因是如何使语言推广普及，使它变得越来越必不可少，从而促使它发展的。例如洪水和地震使人类居住区形成孤岛，或使其周围形成峭壁，地球的演变撕碎大陆，使之化为岛屿。

我们可以想象，这样被迫聚集起来一起生活的人，与陆地上的森林里过着自由的流浪生活的人相比，更有可能形成一种共同语言。[113]因此可以说是岛上的居民在经过最初几次航海尝试后，将语言的运用传到陆地上的，或者至少可以说海岛先于大陆诞生并完善社会和语言。

一切都在开始改变模样。至今还在森林里流浪的人，找到比较固定的栖息地后，渐渐都聚拢起来，形成许多部落，最终在各个地区形成一个个各具特色的民族。民族不是按照章程和法律组成的，而是因相同的生活方式和食物，并且受相同气候的影响而形成的。[114]各家长期相互为邻，不会不产生某种联系。住在相邻茅舍里的青年男女自发产生短暂的交往，很快就通过经常往来变成了一种不乏愉悦且更加持久的交往。他们开始经常考虑各种不同的对象并加以比较，不知不觉就获得了功绩和美丽的概念，由此就产生了偏爱的感情。经常相见的结果，便是最后的难分难舍。一种甜蜜的柔情深入人的心灵，而这股柔情一遇到冲突就变成狂怒。嫉妒和爱情相伴而生，情人一旦反目成仇，最甜蜜的感情就要以人的鲜血做牺牲了。[115]

随着人的观念和情感相继产生，随着头脑和心相互作用，人们也变得越来越容易相互接近了。人们之间的交往越来越广泛，关系也越来越紧密。人们开始习惯于聚集在茅舍前、大树下，唱歌跳舞这种爱情和悠闲的真正产物变成了娱乐，或者更确切地说，变成了一帮游手好闲的男女的一种职业。每个人都开始关注他人，也都希望被他人关注，希望受人尊敬。谁歌唱得最好，舞跳得最好，长得最漂亮，最强壮，最机灵，最有口才，谁就最受青睐。这就向不平等迈出了第一步，同时也是向堕落迈出了第一步。这些最初的偏爱情绪一方面产生了虚荣心和鄙视，另一方面也产生了羞耻心和仰慕之情。由这些新的酵母引起的发酵，最终产生了危及幸福和天真的致命毒素。

一旦人们开始互相评价，并在头脑中形成了尊重的概念，每个人就声称有权得到尊重，任何人不尊重他人都难逃惩罚。因此产生了最早的礼貌待人的义务，即使是在野蛮人中间也有这种义务。由此，任何故意伤害都变成对人的侮辱行为，因为受害人除了由于伤害受到损害之外，还从中觉察出对他个人的蔑视，这点常常比伤害本身更令人难以接受。因此，每个人都根据自己自尊心的强烈程度，对蔑视他的人进行惩处。这种报复是非常可怕的，人于是又变得嗜血成性、残酷无情了。这正是我们已知的大多数野蛮民族发展所达到的状态。许多人没有充分区分这些概念，没有注意到许多野蛮民族已经脱离了最初的自然状态，就匆忙做出结论说，人生来就是凶残的，需要用文明制度来驯化。[116]然而，处在原始状态的人性情是最温和的。当大自然使人处在一种中间状态，使人既不像野兽那样愚蠢，又没有文明人那种有害的聪明时，人由于受本能和理性的双重限制，只提防着不受他人伤害，因此受到天然的怜悯心的制约，不去伤害任何人，甚至在受到别人伤害后也不这样做。因为按照贤明的洛克创设的公理，没有私有制，就不会有损害[117]。

但是，我们应当注意到，刚刚形成的社会和人们之间已经建立起来的各种关系所要求人的品质与他的原始体质所具有的品质不同。我们还应注意到，人的行为开始引入道德观念，但在法律确立之前，人人都是唯一的裁判者和对他自己所受侵犯的复仇者，因此符合自然状态的善的观念就不再符合新生的社会状态。随着人们相互触犯的情况发生得越来越频繁，处罚也必定越来越严厉，可怕的复仇充当着严厉的法律。因此，尽管人们变得不太有耐心，天然的怜悯也已经发生了某种变化，但由于人的能力发育在这一时期处于原始状态的麻木不仁与自尊心激发的正中间，因此应当是最幸福最安定的时期。[118]在这一点上我们越深入思考，就越能发现，这种状态最不易引发革命，是最适合于人类的状态。[注十六]因此，只能通过某种有害的偶然事件，人才能脱离这种状态。如果从公众的利益考虑，这种事件应该永远不要发生。从所有野蛮民族的例子来看，他们几乎都处在这种状态，似乎证明人类就该一直停留在这种状态。这个状态是世界的真正的青年时代，以后取得的所有进步，从表面上看是人类个体的日臻完善，实际上是整个人类的渐趋衰落。

只要人们满足于他们的乡间小茅屋，只要他们只用棘针或鱼刺缝制兽皮衣服，用羽毛和贝壳装扮自己，用各种颜料涂画身体，改进或装饰弓箭，用石斧削制小渔船和粗拙的乐器……[119]总之，只要他们只做独自一人可以完成的工作，只从事不需要许多人手合力进行的劳动，他们就能过着他们本性所能做到的自由、健康、诚实、幸福的生活，继续享受着不受束缚的交往所带来的乐趣。然而，从人需要别人帮助之时起，从有人感觉到一个人拥有两人的生活必需品的好处之时起，平等就消失了，财产就产生了，劳动就变得必不可少了。[120] 广袤的大森林变成秀丽的田野，要用人们的汗水来浇灌，而且不久就看到，奴役和苦难也随着地里的庄稼一起发芽、生长。[121]

冶金和农业是引发这场伟大变革的两种技艺。[122] 在诗人看来是金和银，而在哲学家看来是铁和谷物使人类走向文明，同时也让人类走向没落。这两种技艺都不为美洲的野蛮民族所知，因此他们依旧处在野蛮状态。其他民族如果只是掌握其中一种技艺，似乎也停留在不开化状态。欧洲的文明，虽说不比世界上其他地区开始得早，但至少也是更持久，程度更高，一个最有说服力的原因可能就是欧洲的铁和谷物的产量都最高。

很难推测出人类是怎样得以认识铁和利用铁的，因为很难相信人自己在不知道结果之前，会想到要把矿石从矿井中开采出来，经过一番配制再进行熔化。另外，我们更不能把这个发现归因于一场偶然的大火，因为铁矿只是在贫瘠的不毛之地自然形成的，就好像大自然有意要保守这个秘密不让我们知道。[123] 于是人们就只知道火山爆发这种特殊情况了。在这种情况下，熔融的金属矿物质从地下涌出，观察到这种现象的人就受到启发，开始模仿大自然的这种行为。我们还应当设想他们拥有非凡的勇气和英明的预见来从事如此艰难的工作，考虑这么长远的可得利益。但是，只有比较发达的头脑才会拥有这些品质，而当时的人想必还没有这种头脑。

至于农业，早在此技艺确立之前，它的原理就已经为人类所知了。那时的人，由于长期以来一直是从树上和草丛中采集食物，不用多久就了解到大自然繁殖植物的方式，但是他们的本领到很久以后才得以向这方面转变。这或是因为，与狩猎、捕鱼一样，为人类提供食物的树木不需要人去照料；或是因为人们尚不了解谷物的用途；或是因为缺乏种植谷物的农具；或是因为没有预见到未来的需要；还或是因为没有阻止他人侵占劳动果实的手段。我们可以相信，当人变得更加心灵手巧时，他会利用锋利的石块和尖头的木棒，开始在房前屋后种植一些蔬菜和块根植物。但很久以后他们才知道谷物的食法，才拥有大量种植谷物所必需的农具。还需要考虑到这一点，即要想从事农业这种劳动，就要播种，就要先舍去一点儿，为的是将来获得更多。这种先见之明离野蛮人的才智水平相去甚远，我在前面曾经指出过，他们早上考虑晚上的需要都很困难哩。[124]

因此，为使人类发展农业技艺，其他必需的技艺就应运而生。[125]一旦需要一些人来炼铁和锻造，就需要另一些人来为他们提供粮食。如果总的人口数量不变，那么工人的人数增加越多，用于提供共同生活必需品的人手就越少。而且由于一些人必须用粮食来换取铁，而另一些人最终也就发现了利用铁来增产粮食的秘诀。这样，一面产生了农业技艺，一面也就诞生了加工金属并扩大其用途的技艺。

土地的耕种必然导致土地的分配，然后一旦所有权得到确认，就由此产生了最初的正义规则：因为，要让每个人的东西返归其所有，他就必须先能够拥有一些东西；此外，由于人们开始预见未来，并且人人都有东西可以失去，因此人人都会担心因对别人造成损害而遭到报复。很难设想所有权观念会从劳动以外的地方产生，所以这个起源就更加合乎情理了。[126] 因为我们不知道，人为了占有原本不是由他创造的东西，除了他的劳动外还能付出什么。只有劳动才能赋予种地的人对他所耕作的土地上的产品的拥有权，从而也赋予他对这份土地的拥有权，至少到庄稼收获为止。这样年复一年地拥有，也就是持续不断地占有，这份土地就很容易转变为他的财产。格劳秀斯说，古希腊人在授予谷物女神塞蕾斯立法者称号，并把为她举行的庆典定名为黛丝摩芙里节[127]时就宣布，土地分配已经产生了一种新的权利，即所有权，它与由自然法产生的权利不同。

在这种状态下，假使个人的才能都是相等的，例如铁的用量和粮食的消费量始终能恰好保持平衡，那么一切事物尚能保持平等。但是，这种均衡是不能维持的，很快就会被打破。例如，劳动力最强的人干的活最多；技术最熟练的人劳动生产率最高；头脑机灵的人能找到降低劳动强度的办法；农人需要更多的铁制农具，或者铁匠需要更多的粮食。这样，在劳动量相等的情况下，有人可以得到许多报酬，有人则可能难以糊口。自然的不平等就这样随着措施[128]的不平等一起渐渐显露出来。人与人的差异由于所处环境的不同而增大，变得更加明显，效应也更加持久，并开始以相应的程度影响个人的命运。

事物发展到这一步，其他事情就可想而知了。其他技艺的相继问世、语言的发展、人的才能的检验和运用、机会的不平等、财富的使用和滥用，等等，所有这些随之而来的细节问题就用不着叙述了，人人都可以加以补充。我只是来考察一下处在这种新状态下的人类。

人的能力就这样开发出来了。记忆力和想象力开始发挥作用，自尊心受到关注，推理能力日趋活跃，头脑开发几乎到了所能达到的最佳状态。人的所有天生品质都在产生影响，每个人的地位和命运不仅以财富的数量和帮助或伤害他人的能力为基础，也以人的智力、美貌、力量或机智为基础，还以人的功绩和才干为基础。人只有具有这些品质，才能赢得他人的尊重，因此，每个人都必须尽快地拥有它们，或者充分地利用它们。每个人为了自身利益，都必须装出与实际不同的模样。实质与表象成了完全不同的两码事，而且就因两者的这种区别产生了奢华排场、尔虞我诈以及随之而来的种种邪恶。[129]另一方面，以前是独立自主生活的人，这时却因大量的需要而要服从于他人了，可以说要服从于整个大自然，主要是要服从于同类。从某种意义上说，人变成了其同类的奴隶，即使他成了同类的主人也是如此。富了，他就需要别人为他服务；穷了，他就需要别人救济；不穷不富的，也离不了别人来生活。因此人必须不断地力求别人关注他的命运，要别人在为他的利益服务中来获得他们自己的利益。这样，他就要对一些人进行欺骗和讹诈，而对另一些人表现出专横和冷酷，而且如果他不能使他所需要的人对他产生敬畏，又不能认识到为他们服务也是他的利益所在，那么他就必然要去欺骗他们。最后，人人都怀有贪得无厌的野心，怀有增加个人财富的欲望。这种欲望并不是出于真正的需要，而是想超过别人，它使所有的人产生一种损人利己的卑鄙的癖好和一种隐藏的嫉妒心。因为要想更保险地做坏事，就要经常戴着慈善的假面具，所以这种嫉妒心更加险恶。总之，一面是互相竞争，一面是利益冲突，两者都带有秘而不宣的损人利己的欲望。所有这些都是私有制最初产生的后果，都是新产生的不平等的不可分离的伴生物。[130]

在人们尚未发明代表财产的符号之前，财产几乎只由土地和牲畜组成，因为这些是人们所能拥有的唯一的实际财富。然而，当再没有牧场来容纳更多的牲畜、再无新的土地可供人们去垦殖的时候，一些人就只能靠损害他人来发展了。那些因软弱或懒惰而未能发财致富的人就成了多余的人，因为他们身边的一切都在变，而他们自己却不变，即便他们什么也没有损失，但也日见穷困，于是就不得不从富人手中乞讨或抢夺生活必需品。于是根据富人和穷人各自不同的性格，开始要么产生支配和奴役，要么产生暴力和盗窃。富人这一方刚刚尝到支配别人的甜头，马上就无视其他一切乐趣了，要利用手中已有的奴隶来获得更多的奴隶，一心想征服和奴役邻人。就像那贪婪成性的狼，尝了一次人肉以后，除了人肉就什么都不想吃了。

就是这样，最强者把他们的力量当作掠夺他人的权利，而最贫者也把他们的贫困视为占有他人财产的权利，按照他们的说法，这种权利与所有权相当。平等被打破了，接下来就是最可怕的混乱。富人们巧取豪夺，穷人们盗窃抢劫，双方都怀有非常强烈的偏见，窒息了人的天然的怜悯，压抑了还很微弱的正义的呼声。[131]人就这样变得贪得无厌、野心勃勃、凶狠毒辣了。最强者的所有权与先占者的所有权之间不断爆发冲突，只有靠流血斗争来解决。[注十七]刚刚形成的社会状态变成了最可怕的战争状态，人类腐败堕落，饱受折磨，既不能回头走老路，又不能抛弃已经得到的那些不祥之物，只有滥用给他们带来荣耀的才能，竭力往自己脸上抹黑，自己奔向毁灭的边缘。

> 对这么陌生的痛苦深感害怕，
> 虽是富裕，却又招致苦难，
> 他现在只求逃避富裕。
> 不久前还在追求的东西，
> 现在却厌恶它。[132]

　　人们最终不得不考虑他们这种可悲的境地，不得不考虑他们所遭受的灾难了。尤其是富人很快就感受到持续不断的战争给他们造成的损失，因为只有他们要负担所有的战争费用，虽说人人都有丧失生命的危险，而他们还有丧失财产的忧虑。此外，不管为他们的巧取豪夺行为[133]披上什么样的外衣，他们也明白这些行为都只是建立在一种滥用过度的不合理的权利之上的，再者，用暴力夺得的东西也可能被人用暴力夺回，对此他们也无话可说。就是那些靠自己的本领发家致富的人，也难以为他们的财产争得更正当的名分。他们尽管可以说："这围墙是我砌起来的，我是靠劳动得到了这块土地的。"有人可能要反驳他们："谁给你划地界的？我们没叫你做这些事情，你凭什么要我们付报酬？你难道不知道，你的大多数同胞正在挨饿受冻，急需你手上多得吃用不完的东西吗？你难道不知道，必须经过人类一致而明确的同意，你才能占有比你所需更多的公共生活必需品吗？"富人没有正当理由为自己辩护，又没有足够的力量保卫自己。镇压零星的单个敌人容易，但自己也容易被强盗团伙打垮。一个人要对付所有的人，又由于相互猜忌而不能团结地位与自己相同的人，无法共同对付为着同一个抢劫目的而聚集起来的众多敌人。然而，富人们为形势所迫，最终还是想出了人类头脑中前所未有的一个绝妙主意，这就是收买那些攻击他的人作为自己的力量，把对手变成自己的保卫者，向他们灌输新的准则，而且自然权利对富人怎样不利，富人就怎样制定了对己有利的新法规。

富人带着这个目的，向其邻人陈述这样一种恐怖的境况，在这种境况下，人人都武装起来反对其他人，拥有财富就像遭受贫困一样，惶惶不可终日，穷人和富人都无法保证安全。于是他就轻易地找到了把他们领向目的地的堂而皇之的理由。然后他对人们说道："我们联合起来吧，不让弱者受到压迫，制止野心家的行动，保证每个人都拥有属于自己的东西。因此，让我们来制定公正与和平的制度，每个人毫无例外都必须遵守。这种制度能要求强者和弱者同样互尽义务，因而能在一定程度上克服命运的反复无常。总之，不要让我们的力量反过来对付我们自己，我们要把它集中起来，组成一种最高权力，按照严明的法律来管理我们，支持和保护联盟内每一位成员，击退共同的敌人，使我们永远保持协调一致。"

说服那些头脑简单、容易被蒙蔽的人，根本不需要费这么多口舌，况且他们内部纠缠不清的问题太多，没有仲裁人就无法解决，而且他们的贪心和野心又太大，不能长期没有主子来管教。于是人人都争先恐后地去迎接自己的镣铐，相信它能保证他们自由，因为他们的智力只能感受到政治制度的好处，却没有足够的经验预见到它的危险性。最能预感到这些危险的人恰恰就是打算从中牟利的人，而且就连贤者也认为，为了保住一部分自由，必须牺牲另一部分自由，就像一个受伤的人砍去胳臂来保住身体其他部分一样。[134]

这就是，或者说想必就是社会和法律的起源，它给穷人加上新的羁绊，使富人的势力更强。[注十八]它永远取消了人的天赋自由，永远确立了私有制和不平等的法律，把巧取豪夺变成不可改变的权利，而且为了少数野心家的利益，从此就把整个人类推向劳作、奴役、苦难的深渊。我们很容易看出，为什么一个社会的建立必然会导致其他社会的建立，为什么为了反击一种联合的力量，其余的人自己也要联合起来。[135]各个社会迅速发展扩大，很快就遍布全世界。世界上再也找不到一个角落，那儿的人可以摆脱桎梏，可以躲避常常是恶意安排的、永久悬在他们头顶上的那把利剑。就这样，公民权利成了社会成员的共同准则，而自然法则只存在于不同的社会之间，此处它被称作国际法，受到一些默契的约束，以便国与国之间能进行交往，并代替天然的同情心。在社会与社会之间，这种同情心几乎没有在人与人之间的那种影响力，它仅仅存在于一些伟大的世界主义思想[136]中，这种思想冲破民族之间的虚构的藩篱，以上帝为榜样，将整个人类都包容在其宽厚仁慈的胸怀之中。

但是，由于政治集团之间的关系仍然处在自然状态，它们很快就会感到这种状态的危害，就会被迫脱离这种状态。因为大集团之间的这种自然状态，比组成集团的个体成员之间以前的那种自然状态更为有害，民族战争、谋杀、报复这些伤天害理的罪行，还有那些把溅洒人类鲜血当作荣耀列入美德的可怕偏见，就是由此产生的。最有教养的人也学会把屠杀同胞当作自己的责任。最终，人们互相残杀，死者成千上万却不知起因何在；在一天的战斗中杀死的人，在洗劫一个小镇时犯下的暴行，比在自然状态下整个时代整个世界发生的还要多。[137]这就是人类划分为几个社会后所产生的恶果。现在我们回头来说说他们的制度。

我知道有许多人关于政治社会的起源问题还提出了其他一些假说，如强者的征服、弱者的联合，但这两种原因都与我要建立的理论无关。在我看来，我刚才陈述的原因是最合乎情理的。其理由如下。首先，在第一种情况下，征服权本身不是权利，不能作为建立其他任何权利的基础。被征服民族要么完全恢复自由，要么自愿接受征服者为其统治者，否则两者就仍然处于战争状态。不管做出什么妥协，只是暴力的产物，因此事实上都是无效的。因而按照这种假说，就不可能存在真正的社会，也不存在政治集团，法律也不过是最强者的法律。[138]其次，在第二种情况下，"强"和"弱"这两个字的含义不明。因为从确立所有权或先占者权利到建立政府这一段时期内，这两个字最好用"富"和"穷"来解释。因为实际上在法律建立之前，一个人要使与他地位同等的人沦为奴隶，除了侵占他们的财产，或者把他自己的一部分财产转让给他们，别无他法。最后，由于穷人除了自由之外一无所有，因此一定是精神极度错乱，他才会放弃这个仅存的财产，而什么也换不到。相反，富人可以说是对其拥有的一切都是很敏感的，因此要伤害他们也容易得多，所以他们更有必要加以保护。总之，按道理说，一种东西的发明，对发明者应该有利而无害。

初生的政府形式上并不正规，也不是一成不变的。人们由于缺乏经验和哲学精神，只能感觉到目前的弊端，至于其他弊端，只有当它们出现时，才考虑去纠正。不管最贤明的立法者工作如何尽力，政治状态始终都不能尽善尽美。由于它几乎是随机形成的，又没有良好的开端，尽管随着时间的推移，缺点会暴露出来，也会产生一些补救措施，人们只好不断地修修补补，但政体上的缺陷却是永远不能消除的。然而要建立一座大厦，就必须像斯巴达的莱克格斯所做的那样，首先清理场地，铲除一切旧材料。[139]社会起先只是由一些一般的公约构成的，全体个人都保证遵守这些公约，社会团体就根据这些公约充当各个成员的后盾。经验证明这种制度太软弱，因为如果必须仅由公众来做证人和法官，罪犯就很容易逃脱罪责和惩罚，有人总是要千方百计地规避法律；弊病和混乱总是层出不穷。肯定是由于这些原因，人们最终才想到冒险把公众权力托付给少数几个人，委托一些行政官来负责执行人民的决议。若是认为在联盟形成以前，首领就已经选定，在法律本身建立以前，执法者就已经存在，这个假设太荒谬了，不值一驳。[140]

有人认为人民一开始就会无条件地永远地投入专制国君的怀抱，认为桀骜不驯的人所设想的保障共同安全的首选方式，就是自甘沦落为别人的奴隶，这一点更站不住脚。[141] 实际上，人们如果不是为了反抗压迫，不是为了保卫可以说是构成人生存要素的财产、自由和生命，为什么要去投靠权势？[142] 在人与人之间的关系中，最坏莫过于受别人的任意支配了，而人们一开始就把本想要国君帮助保护的仅有的东西拱手送给他，这岂不是有悖常理吗？国君获得这样大的权力，拿什么相当的东西作为回报呢？如果他竟以保护人民为借口强行索要这种权力，岂不是要得到一则寓言[143]中的那种回答："就算是敌人，对待我们也不过如此吧？"因此，人民拥立国君是为了捍卫他们的自由，而不是去做他的奴隶，这是不容置辩的事实，而且是整个政治权利的基本准则。正如普林尼对图拉真所说的："我们之所以要一位君王，为的是他能让我们免受一个主子支配。"[144]

政治家在关于人对自由的热爱问题上玩弄诡辩术，就像哲学家[145]在自然状态问题上玩弄诡辩术一样。他们根据所发现的事物来推断没有发现的差别很大的事物。他们看到奴隶遭受苦难时忍气吞声，便认为人天生就有一种甘当奴隶的倾向。[146]他们没有想到，自由，就像天真和美德一样，只有拥有它的人自己才能体会到它的价值，一旦失去它，对它的感受也就不存在。布拉西达斯[147]对一个把斯巴达城邦的生活同波斯波利斯的生活做比较的总督说："我了解你的国家的幸福，而你却不了解我的国家的幸福。"

一匹未驯服的骏马，看到人拿着马嚼子靠近它时，立刻鬃毛直竖，四蹄刨地，挣扎不息；而一匹驯服的马则无奈地忍受鞭笞和马刺。文明人面对桎梏，束手就擒，毫无怨言；而野蛮人则绝不会低头就范，他宁要动荡不定的自由，也不愿做奴隶苟且偷安。

因此，我们不应根据被奴役民族的沉沦，而应根据所有自由民族为抵抗压迫而创造的奇迹，来判定人的禀性是赞成奴役还是反对奴役。我知道被奴役的人只是不断地吹嘘他们那种戴着锁链的和平安宁，也知道"他们把最悲惨的奴役叫作和平"[148]。但是，当我看到已经失去自由的人对自由不屑一顾，而一些民族却将自由视为他们唯一的宝贵财富，为了捍卫它，不惜牺牲他们的幸福、安宁、财产、权利乃至生命；当我看到生来自由的野兽受不了监禁，在铁笼的栅栏上撞得脑浆迸裂；当我看到成千上万赤身裸体的野蛮人鄙视欧洲人的享乐生活，忍饥挨饿，为了捍卫自己的独立，冒死抵抗火与剑；我就觉得，奴隶是没有资格谈论自由的。

至于父权，不少人根据它推论出专制政体以及整个社会。[149]但是我们无须借用洛克和锡德尼相反的论证，就足以说明，父权是一种温和的权力，与冷酷的专制权力有着天壤之别，因为这种权力更多的是为受支配者的利益着想，而不是为支配者自己的利益着想。[150]按照自然法，父亲作为孩子的主人直到孩子不需要他的扶助为止，过了这个期限，父与子就处于平等地位。此时，由于儿子已彻底独立于父亲，他就只需尊重父亲而不必服从父亲了。感恩只是一个应尽的义务，而不是可以强求的权利。不能说社会是从父权发展而来的，相反应该说，这种权力正是从社会中汲取了它的主要力量。一个人只有当儿女仍然生活在身边，他才被认作父亲。父亲是其财富的真正主人，而财富是维系他和孩子的关系并使他们处于依附地位的纽带。他可以只按照孩子们遵从他的意愿的程度，来让他们分享他的遗产。然而，臣民就别想指望从君主那里得到这种恩惠了。非但如此，还由于臣民的所有财产连他本人一起统统属于君主（至少君主是这样认为的），因此他们不得不像领受恩典一样，接受君主留给他们的、本来就属于他们自己的那点财产。君主剥夺臣民是对他们的惩罚，允许他们活着就是皇恩浩荡了。

若继续从权利的角度出发来考察这些事实，我们就会发现人民自愿拥立暴政一说，既非真实，也无道理，而且也难以证明那种只让一方承担义务的契约的有效性。契约中的所有义务都只由一方承担，这就只会损害受其约束的这一方的利益。[151]
这种令人憎恨的制度就是在现代也确实与一些开明睿智的君王
的制度相差太远。这可以从一些君王，尤其是法国国王颁布的
诏书中看出来，特别是 1667 年以路易十四的名义和命令发布
的著名诏书中的下面这一段话：

> 因此，我们决不要说君王不受国家法律的约束，因为
> 其相反的命题是国际法中的一条真理。阿谀奉承的人有时
> 对它进行攻击，而贤明的君王始终把它当作国家的守护神
> 一样来捍卫。如果像明智的柏拉图那样，一个王国完美的
> 幸福就是臣民服从国王，国王服从法律，而法律是公正
> 的，目标永远是公众的福祉，那就更是合理得多了！[152]

我不想就此停下来探究这个问题：既然自由是人的最宝贵
的权利，为了取悦于一个凶残成性或丧失理智的主子，人却彻
底放弃所有最宝贵的天赋，甘愿去犯造物主禁止的所有罪行，
这是不是降低人格，自甘沦落到受本能支配的野兽的地位，乃
至违背造物主的意愿呢？这个伟大的工匠看到他最得意的作品
被人毁坏，会不会比看到被人侮辱更感到愤怒呢？如果人们愿
意，我就不用说出巴尔贝拉克提出的最有说服力的理由了。[153]
他根据洛克的观点，断然指出，没有人会出卖自由来服从一个
随心所欲对待他的专横强权。他强调说，因为这等于在出卖人
自己的生命，而他并不是生命的主人。我仅仅要问，那些不怕

堕落到这种地步的人，有什么权利让他们的后代也去蒙受如此耻辱，断送他们的幸福呢？这些幸福又不是他们慷慨馈赠给后代的。而对于那些值得拥有这些幸福的人，如果没有这些幸福，生命本身就成了沉重的负担。

普芬道夫曾说，正如人们可以通过协议和契约把财产转让给他人一样，人们也可以为了某人的利益而放弃自己的自由。我认为这种推理大谬不然。因为，首先，我把财产转让给了他人，它就与我毫无关系了，他人怎样滥用它我都无所谓，但是，我的自由绝不能被人滥用，这对我来说至关重要。我不能使自己成为别人的犯罪工具，却可以不对别人强迫我犯下的罪行负责。此外，财产所有权只是约定的人为权利，人人都可以根据自己的意愿来处置他所拥有的东西。但对于人的基本天赋——生命和自由，情况就不是如此。每个人都可以享受生命和自由，但至少可以肯定无权放弃它们。放弃自由，人就降低了自己的人格；放弃生命，就是消灭本身的存在。由于任何世俗的财富都不能补偿生命和自由的丧失，所以，无论以什么代价放弃生命和自由，都是既违背天理又违背理性的。[154]但是，就算人可以把自由像财产一样转让给他人，但对子女来说，情况也大不一样。子女只是通过父亲的财产所有权的移交来享用父亲的财富的，而自由是人与生俱来的天赋，人们是没有任何权利把子女的自由随其父母的自由一起剥夺的。因此，建立奴隶制度必定违背天理，要使这种权利永远传下去，就必定要改变天理。因此，法学家们郑重宣告奴隶的孩子生来就是奴隶，实际上是宣告，人生来就不是人。[155]

我认为这一点可以肯定，一开始政府并不是专制权力，专制权力只是政府堕落的产物，是政府的末期，它最终使政府重新变成最强者独自的法律，而政府起初就是改善这种法律的一种措施。不仅如此，即便一开始政府就是专制权力，由于这种权力本质上不合法，故不能把它作为社会权利的基础，从而也不能把它作为人为不平等的基础。

各种政府的基本公约的性质还有待研究，我现在对此暂不探讨，我只是遵照共同的见解，在此把政治集团的建立看作是人民与他们所选举出来的首领之间的一种真正的契约，法律就是契约中规定的、维系他们的联盟的纽带，双方都有义务遵守。[156]在社会关系方面，人民把他们的意愿结合成一个意愿，表达这个意愿的全部条款，就成为国家一切成员无一例外必须遵守的基本法，其中一项条款对负责监督其他条款执行情况的行政官的选举和权力做出规定。行政官的权力包括能维护政体的一切权力，只是不能改变政体。人们还加进了一些条款，保证让法律及其执行者得到尊重，并且还赋予执法者个人特权，作为对他们为管理好国家所付出的辛苦劳动的回报。作为行政官，他有义务只按照委托人的意愿来运用委托给他的权力，保证人人都无争议地享用属于他们的一切，而且在任何情况下，都把公众的利益置于他的个人利益之上。

经验表明，或者在人们对人心的认识能够预见到这种政体具有不可避免的弊病之前，这种政体似乎比较好，因为政体的维护涉及负责监督维护的那些人自身的切身利益。因为行政官的职务和权力只是以基本法为基础的，所以一旦基本法被破坏，行政官的地位就不再合法，人民就不必再服从他们；而且由于构成国家的基本要素的不是行政官而是法律，因此每个人都理所应当地重新获得原来的自由。

我们只要稍微细心思索一下，就能发现证实这条真理的新论据，而且从这种契约的性质可以看出，它不可能是不可撤销的。因为如果没有更高的权力来保证契约各方的忠实性，迫使他们信守各自的诺言，那么各方就依然按照各自的标准来裁判，且各方始终有权在发现另一方违反契约条款，或者契约条款不再合己方心意时，就立即撕毁契约。弃权的权利似乎很可能正是基于这个原则建立的。然而，如果这里只考虑人类的制度，那么就可以肯定，假如全权在握、契约的利益独占的行政官都有权放弃他的权力，那么饱受行政官的错误之害的人民，就必定更有权抛弃这种从属关系。但是这种危险的特权[157]必然要引起可怕的纠纷和无尽的混乱，这足以表明人类政府非常需要一个比单纯的理性更为牢固的基础，公众的安宁非常需要神的意志来干预，赋予最高权力一种神圣不可侵犯的性质，从而把庶民能够处置最高权力的这种有害的权利剥夺掉。因此，纵然宗教只为人类做这一件善事，也值得人们去依恋它，接受它的一切，甚至连它的弊端在内，因为它使人类少流的血多于宗教狂热使人类流的血。[158]但是我们还是沿着我们的假说的道路往前走吧。

政体形式的多样性源于政体在创立时个人之间或大或小的差异。若有一个人在能力、道德、财富或信誉上深孚众望，且仅有他一个人被推举为行政官，这个国家就成为君主制国家。若有几个人条件不相上下，都在其他人之上，都被选举为行政官，于是就有了一个贵族政府。若那个国家中所有的人在财产或才能方面都相差无几，而且都离自然状态不太远，于是就共同参与最高管理，从而组成一个民主政体。历史已经证明何种形式的政体最有利于人类。有些民族依旧只服从法律，而有些民族则很快地转向服从主子。公民要捍卫他们的自由，而臣民则只想剥夺邻国人民的自由，因为他们不能容忍别人在享受他们丧失的幸福。[159]总之，一边是财富和征服，另一边是幸福和美德。

在各种各样的政府中，一开始行政官都是通过选举产生的。如果财富不占优势，就看重功勋卓著的人，他们理所当然处于优越地位；也看重年长的人，因为他们处理事务经验丰富，考虑问题冷静慎重。希伯来的"长老"，斯巴达、古罗马的"元老"以及我们的"老爷"这些词的词源本意都表明，过去人们对老人是非常尊重的。然而年长的人选举得越多，选举就会越频繁，产生的麻烦也越多。如有人策划阴谋诡计，有人形成乱党集团，党派纷争激烈，内战频频爆发。最后，公民的鲜血献给了所谓的国家幸福，而国家被推向以前那种无政府状态的边缘。怀有野心的权贵们利用这种局面，使他们的职位世袭化。而人民已经习惯于从属地位，习惯于和平安宁和舒适的生活，已经不能再砸碎身上的锁链了。他们为了保住自己的安宁生活，乐意任凭别人加重他们的奴役。变成了世袭的首领们，就这样渐渐地习惯于把他们的职位看成家产，习惯于把自己当作国家的主人，习惯于把同胞叫作奴隶，把他们像牲畜一样计入他们的家产，还习惯于自称与神同族，王中之王。

如果我们观察不平等在各种变革中的发展进程，就会发现，法律和财产所有权的确立是第一阶段，行政官职位的设立是第二阶段，第三阶段即最后阶段，就是合法权力向专制权力的转变。因此，第一阶段认可富与穷的分野，第二阶段认可强与弱的分野，第三阶段则认可奴隶主与奴隶的分野——这便是最大程度的不平等了，这个阶段是其他一切阶段的归宿，直到新的一轮变革彻底摧毁这个政府，或者恢复它的合法制度。

为了理解这种进程的必然性，不必考虑政治团体建立的动机，而应考虑它在实施时所采取的形式及其带来的弊端。因为使社会制度成为必要的缺陷，也就是不可避免地导致滥用社会制度的缺陷。[160]如果我们仅把斯巴达除外（那儿的法律主要注重孩子的教育，莱克格斯培养出来的人的品行几乎使法律可有可无），由于法律一般不如人的情感那样有效力，它只能限制人的行为，而不能改变人的思想，因此就不难证明，如果一个政府始终能一丝不苟地按照制度办事，并且不会蜕化变质，就没有建立的必要，一个国家如果没有人规避法律，行政官也不滥用权力，也就可以既不需要行政官，也不需要法律了。

政治上的差别必然导致公民地位上的差别。人民和官员之间的不平等，很快就在公民之间表现出来，并且根据人的欲望、才干和境况，表现的方式千变万化。行政官要篡夺非法权力，不能不培植一些亲信来分享。此外公民们也因怀有盲目的野心才听凭他人压迫。他们不是盯着上面，而是盯着下面，便觉得支配他人胜于独立自主，所以他们甘当奴才，以便能轮到他们来奴役别人。对一个根本不想支配别人的人，人们就很难迫使他服从。最有手腕的政治家最终也未能使只想拥有自由的人屈服。但是在野心家和懦夫中间就很容易产生不平等，因为他们随时准备去冒命运的风险，去支配别人还是服从别人支配，两者几乎没有区别，全凭人的命运好坏。这样，就必定出现这样的时刻：人民目瞪口呆地看到，他们的统治者只需对地位最低微的人说一句"让你和你的家族变成显贵人物吧"，就立即使他在大家以及他自己的眼中成了显贵人物，而他的后代与他年代隔得越远，就爬得越高。发迹的原因越久远、越含糊，效力就越强；家族中游手好闲者越多，这个家族就越显赫。[161]

如果我们在此深入研究下去，就很容易解释，甚至无须政府介入，[162]个别的人一旦结合在同一社会中，彼此之间就不得不互相比较，并注意到从相互间经常交往中发现的差别，人与人之间声望和权威上的不平等就不可避免。[注十九]这些差别存在于几个方面，但是一般说来，人们主要用财富、贵族身份或等级、权势和个人功绩来区别各自的社会地位，因此我可以证明，这些不同的势力是互相协调，还是互相冲突，最能表明这个国家的构成是好还是坏。我可以说明，在这四种不平等因素中，虽然个人身份的不平等是其他不平等的根源，但是贵族身份、权势和功绩最终都能化为财富。因为财富最直接有益于人的福利，还可用于交换，所以能方便地收买一切。[163]通过这种观察，我们可以非常精确地判断出一个民族的人民偏离其原始制度的程度，以及滑向堕落终期的进程。我可以解释：名声、荣耀和特权这些折磨我们大家的普遍欲望，如何能驱使我们去施展、去比试我们的能力和才华；如何能激发和增强我们的热情；而且如何能引诱所有人去互相竞争，更恰当地说，是互相仇恨——让这么多竞争者在同一个竞技场上赛跑，天天都产生失败、成功和各种灾难。正是由于人们这种要让自己口碑载道的欲望，正是由于这种整天让人们神不守舍地梦想自己声名显赫的狂热，人世间才有了好坏之分，优劣之别。如善与恶，科学与谬误，征服者与哲学家，即一大堆坏的东西，一点点好的东西。最后，我还可以证明，一小撮权贵之所以能洪福齐天、显赫至极，而广大民众却穷困潦倒、苟延残喘，就是因为权贵们享有的引以为荣的东西正是民众被剥夺的东西，而且权贵们的地位即使不改变，民众也不再受苦了，他们也会不开心的。

然而，单是这些详细情况就可以写一部巨著了。在这部著作中，我们可以比照自然状态下的权利，权衡各种政府的利与弊。我们还可以把迄今为止已经表现出不平等的各个方面，或在未来的年代里根据这些政府的性质和随着时间的推移必然要发生的变革，以及将要表现出不平等的各个方面，统统展示出来。那样，我们就可以看到，民众在国内受到的压迫，有一部分就来自他们为了抵抗外来威胁所采取的一系列措施；我们就可以看到，压迫在不断加重，而被压迫者却永远不知道压迫何时能到头，也不知道有何种合法手段来制止压迫；我们就可以看到，公民的权利和民族的自由逐渐丧失，弱者的抗议和请求被诬称作叛乱的呼号；我们就可以看到，捍卫共同事业的荣誉被一种国策限定于人民中一部分受雇佣的人；[164]我们就可以看到，由此也就产生了捐税的必要性，从而即使在和平年代，不堪重负的农人也只好抛荒农田，弃犁从戎；我们就可以看到，人们制定了有关荣誉的稀奇古怪、有害无益的规定；我们就可以看到，国家的保卫者有朝一日会变成敌人，把矛头频频对准他们的同胞，于是就会有这样的时刻，人们听到这些人对国家的压迫者说：

> 你命令我把利剑刺入弟兄的胸膛，
>
> 刺入父亲的喉管，
>
> 刺入妻子怀孕的腹中，
>
> 尽管我的手不愿去干，
>
> 但它到底还是执行了你的命令。[165]

从人的地位和财产的极端不平等中，从各种各样的欲望和才能、无用而有害的技艺、毫无价值的科学中，将会产生大量的偏见，都对人的理性、幸福和美德造成危害。我们可以看到：首领们会利用一切手段来涣散群众的组织，削弱他们的力量；利用一切手段让社会表现出一副和谐一致的假象，实际上却在其中播下分裂的种子；利用一切手段使各阶层人民的权利和利益产生对立，挑起他们之间的相互怀疑、相互仇恨，以此来加强钳制人民的一切权力。

专制统治就是从这种混乱和这些变革中，渐渐抬起了它那丑恶的头，吞噬了它在国家各个组成部分中发现的所有有益和合理的东西，最终把法律和人民踩在脚下，在共和国的废墟上建立起专制政体。这最后一步变化发生的前夕，必将是动乱和灾祸的时代，但最终一切都将被这头恶魔吞噬。人民不再有首领，也没有法律，只有暴君。从此时起，风化和美德就无从说起了，因为处处都在专制统治下，谁也别指望从忠贞那里得到什么，[166] 它不能容许有其他任何主人。它一开口，诚实和义务就没有说话的地方，绝对盲从就是奴隶的唯一美德。

这里是不平等的极限，是封闭一个圆圈的终点，它和我们的出发点相遇：[167] 在这里一切个人都是平等的，因为他们恰恰什么都不是，而且臣民除了君主的意志以外，再没有别的法律，君主除了他自己的欲望外再没有别的制度，有关善的观念和公正的原则又不复存在。所有人此时都重新置于最强者的法律之下，从而处于一种新的自然状态，但与上次我们出发时那种纯洁的自然状态不同，这时的自然状态则是过度堕落的结果。这两种自然状态在其他方面差别很小，而且政府的契约也被专制彻底废除，因此君主只有维持最强者地位，他才能实行统治；一旦人民可以把他撵下台，他就不能抱怨人民使用暴力。以绞死或废黜一个暴君而告终的骚乱，与前一天这个暴君处置其臣民的生命和财产所采取的行动一样，都是合法的。只靠暴力维持的，只有用暴力来推翻。[168]任何事物都是这样按照自然法则发生的，而且无论这些短暂频繁的变革结局如何，人人都没有理由抱怨别人对自己的不公，只能怨自己命途多舛，或者行为失检。

有心的读者如果找到并沿着那些被人遗忘和迷失的、人类从自然状态到文明状态的必由之路，如果根据我刚才指出的居于中间的状况，复现那些由于时间紧迫我无法叙述，或者我未能想象出的内容，就只能对这两种状态之间的巨大差距惊讶不已。正是从这些缓慢相继发生的事物中，读者可以发现哲学家无法解决的大量伦理问题和政治问题的答案。[169]读者会觉得，一个时代的人类与另一个时代的人类是如此不同，而第欧根尼之所以没有找到人，就是因为他是在同代人中寻找过去时代的人。读者会说，加图之所以随罗马与自由一起消亡，是因为他落伍于他的时代，假如这位最伟大的人物早在五百年前统治了世界，定会令当时的世人吃惊的。总之，读者可以说明，人的思想和情感是怎样不知不觉地发生改变的，也就是说改变了它们的本质；可以说明为什么久而久之，人的欲望和意愿也发生改变；可以说明为什么随着原始人渐渐消失，展示在贤者面前的社会，只是虚伪的人和造作的情感的组合体，这些虚伪的人和造作的情感是所有这些新关系产生的结果，没有任何真实的自然的基础。我们关于这一问题的思考所得，已经被观察完全证实[170]：野蛮人和文明人的内心世界和癖性大相径庭，在一方看来是最幸福的东西，却让另一方产生绝望。野蛮人只求安宁和自由，他只想悠然自得地生活，连斯多葛派的不动心[171]也不及他对其他一切事物的极度漠然的态度。相反，公民[172]则终日不停地忙碌，劳累流汗、兴奋不已、焦虑不安，为的是追求更加艰难的工作。他劳作终生，甚至为了能够生存而赴死，或者为了获得永生而弃生。他奉承他所痛恨的权贵，他讨好他所鄙视的富人，为了能为他们效劳，他不惜一切代价。他为自己的奴颜婢膝、为能得到他们的庇护而恬不知耻地自吹自擂；他为自己当上奴才而自鸣得意，用轻蔑的口吻议论没能与他一起分享这份荣耀的那些人。在一个加勒比人的眼中，一个欧洲大臣的劳心费神却又令人羡慕的工作是个什么样的场景啊！这个懒散的野蛮人，不怕任何残酷的死亡，就怕过这种生活，工作中即使有点行善的乐趣，也难得使这种生活显得轻松一下。但是，这个野蛮人要想知道文明人这么辛勤地工作用心何在，他的头脑就得拥有关于权势和声望的概念，就应该知道有一种人很看重世上其他人的意见，这种人自己的幸福和满足不是由自身的感觉来证明，而是由别人来证明。实际上，造成所有这些差别的真正原因就在于：野蛮人为自己活着，而社会中的人永远是身不由己，只会按别人的意见生活，也就是说，只是从别人对他的评价中，他才意识到自己的存在。[173]虽然我们不乏十分漂亮的道德说教，但怎么会由于这种性情而对善与恶的问题变得如此冷漠呢？为什么随着一切都趋于表面化，荣誉、友谊、美德，常常还有邪恶本身，统统变得虚伪造作，而我们却终于从中找到了自我夸耀的秘诀呢？总而言之，我们为什么老是问别人我们是什么样的人，而从不敢扪心自问：我们有这么丰富的哲学思想、人道精神和文明成果，制定了这么高尚的道德准则，我们却只有一副徒有其名的骗人外表，再就是那些没有美德的荣誉、没有智慧的理性、没有幸福的欢乐，要把这些问题说明清楚，未免离题太远。我的宗旨只是想证明：人的原初状态并非如此，只是社会的精神以及由社会所产生的不平等，改变了我们身上全部的固有习性。

我已尽力揭示了不平等的起源与发展进程，阐述了政治社会的建立与弊端。我同样还说明，撇开那些主张主权神授的神圣信条，仅靠理性的智慧，这些都能由人的本性推论出来。[174]接下来说明，那些在自然状态下几乎不存在的不平等，随着人的能力的开发和思想的进步而扩大、加深，随着私有制和法律的建立稳定下来，变得合法。再后是说明，为人为权利所认可的伦理上的不平等，只要它和生理上的不平等不相称，就违反了自然权利。对于一切文明民族中普遍存在的不平等，我们所要考虑的就是这两种不平等不相称的程度。因为让小孩支配老人，让傻瓜领导贤哲，以及让一小撮人富可敌国，而让大众缺吃少穿，无论这种不平等是怎样定义的，显然都是违背自然法的。[175]

作者附注

关于附注的说明

　　我按我断断续续写作的懒散习惯，为这本书加了一些注解。有些注解离题太远，不宜与正文同时读。因此我把它们放到文章的末尾，力求使正文保持简洁。有勇气再读一遍本论文的人，有可能乐于再次从荆棘中搜寻一下猎物，那就试试浏览一下这些注解吧。不过你就是完全不读这些注解，也没有关系，不会妨碍你对本文的理解。

　　注一：希罗多德叙述道，在杀掉伪斯梅尔迪士[176]之后，波斯的七位解放者聚在一起，商议国家政体将要采取的形式。奥塔奈斯十分赞成采取共和制。由于总督有权拥有一个帝国，而且大贵族对一种迫使他们尊重人民的政府比死还要害怕，因此这个建议出自总督之口，就更加非同寻常。但是正如我们所想，人们根本不听奥塔奈斯的建议，他们执意要选出一位君主。奥塔奈斯既不愿服从别人，也不愿支配别人，于是自愿把王权让给其他竞争者，补偿条件就是他与他的后代要能保持独立和自由，人们接受了他的要求。即使希罗多德没有告诉我们对这种特权的限制条件[177]，我们也应该设想一下，否则奥塔奈斯既不承认任何法律，又不服从任何人支配，岂不成了国中有无限权力的人，比国王的权力还大？但是几乎没有迹象表明，一个能在这种情况下满足这种特权的人会去滥用它。实际上我们就没有发现，明智的奥塔奈斯或他的任何一位后人曾利用这种权力在王国里惹过一点儿麻烦。

注二：一开始我就十分信任地以这些受哲学家们尊重的权威学说之一为依据，因为它们来自可靠而卓越的理性，唯有哲学家们能够发现和认识这种理性。

尽管我们对认识自己很感兴趣，但我不知道是否我们对除了我们自己之外的一切反而有更深的认识。大自然给我们配备的器官，只是用来维持生存的，而我们却用来接受外部印象。我们只求表露自己，并力求脱离我们自身存在。我们由于忙着开发器官的功能，扩大存在的外部空间，因此很少利用我们的内部感觉，这种感觉能使我们恢复到真实大小，并能把所有不属于我们自身的东西区分开。然而，如果我们想要认识自己，就必须利用这种感觉，唯其如此，我们才能对自己做出评价。但是如何让这种感觉具有活力并获得全部活动范围呢？我们如何从这种感觉所在的心灵中，清除所有精神的错觉呢？我们已经失掉运用心灵的习惯，它待在肉体感觉的喧嚣中无所作为，它已经被情感之火烧得毫无生气，心、头脑、各种感觉都在与它作对。[178]

注三：长期直立行走的习惯使人的体形发生改变。我们还观察到人的胳臂与四足动物前腿有共同之处，以及可以从四足动物的行走方式归纳出一些结果，这些都会使人对我们最自然的行走方式应该如何产生怀疑。幼儿一开始都是用四肢爬行的，需要照我们的样子并要我们教才能学会直立，甚至有些野蛮民族，如霍屯督人，对幼儿很不关心，长期让他们用手爬行，结果到后来要直立起来都很困难。安的列斯群岛的加勒比人也是这样。用四肢爬行的人的例子不胜枚举。其中一例是1344 年在黑森附近发现的一个由狼养大的小孩。后来他在亨利亲王的宫廷中说，如果依着他，他还是喜欢回去与狼为伴，而不愿与人一起生活。他已经很习惯于像狼那样行走，必须绑上几块木片，他才能站立起来并保持平衡。1694 年在立陶宛的森林里发现的一个孩子也是如此，他是和熊一起生活的。孔狄亚克先生说：看不出这孩子有任何智力，他用四肢行走，不会说话，发出的声音与人丝毫不同。[179]几年前被人带进英格兰王宫中的那个汉诺威的野蛮人幼童，费了好大劲才习惯用脚走路。1719年，有人在比利牛斯山脉中发现两个野蛮人像四足动物一样，漫山遍野地奔跑。至于有人可能提出不同意见，说这是舍弃我们从中获益匪浅的手的用途，我们除了从猴子的例子可以看出手的运用方式有两种外，这种意见也仅仅证明人可以把四肢用于比大自然指定的更简便的用途，而没有证明大自然打算要人按照与它所授不同的方式行走。

但是我觉得有许多更好的理由能支持人是一种两足动物的主张。即使有人可以证明，人的体形起先不像我们现在这种模样，而是最终变成了这种模样，但这并不足以由此就得出结论说，人就是如此演变过来的。因为在指出这些变化的可能性后，至少还必须说明它的真实性，才能让人承认发生过这些变化。此外，即使人的胳臂似乎在必要时也可以当作腿用，这也只是唯一支持这种理论的观察结果，而其他大量的观察结果对这种理论都是不利的。这些观察结果主要有以下几点：一是人的头颅与人体的连接方式。人在用四肢爬行时，就不能像所有其他动物那样，也不能像他自己直立行走时那样，使视线保持水平向前，而是直视地面，这种情况对个体的自我保护非常不利。二是人没有尾巴。人用双脚行走时不需要尾巴，而尾巴对于四足动物则是有用的，所有四足动物都有尾巴。三是女人的乳房。对于用胳臂抱孩子的两足动物来说，位置生得十分恰当，而对于四足动物则不是。因此没有哪种四足动物的乳房是生在这种位置的。四是人的后段身躯与前肢相比显得过高，这样用四肢行走时，就得靠膝盖爬行，整个人就显得全身比例失调，行走起来极为别扭。五是如果人手脚一样放平着地，后肢就比其他动物少一个关节，即连接股骨和胫骨的那个关节。六是如果只用脚尖着地，像他必须做的那样，且不说构成跗骨的那么多骨头，就是跗骨用来代替股骨似乎也嫌太粗，而且它的关节及靠得太近的距骨和胫骨，在这种情况下也不能使人具有四足动物那样的灵活性。所举的儿童的例子，由于他们的自然体力尚未发育完善，四肢也未成长结实，因此不足为凭。我还可以说，狗并不是生来就会行走的，下地几周后还只会爬行呢。一些特殊事例不足以反驳整个人类的普遍行为，某个民族的特殊事例也不足以反驳所有民族的普遍行为，尽管由于这个民族与其他民族没有任何交往，因而什么也模仿不到。一个小孩在会走路以前被抛弃在森林里，由某种野兽来喂养，他就可能学着喂养他的野兽的样子走路。习惯能够赋予人生来没有的能力，如同失去了双臂的人，经过训练最终可以用脚来做别人用手做的事情，这个孩子最终也能把手当作脚来用。

注四：如果读者中有一位学问很糟的自然科学家，就土地天然肥沃的假设向我质疑，我就用下面一段话来回答他：

由于植物从空气和水中汲取的营养物质要比在土壤中汲取的多得多，因此，它们在腐烂时返还给土壤的营养物质就比从土壤中汲取的多。此外，森林通过对水汽蒸腾的控制决定了降雨量。因此在长期得到很好保护、没有采伐过的森林里，适于植物生长的土层就很厚；但是在有人居住的地区，由于动物返还土地的营养物质比从土地中汲取的少，并且人类由于生火和其他用途消耗大量的草木，因此腐殖土层就越来越薄，最后变得像阿拉伯的皮特列荒原及东方的其他许多地区的土地一样。这些地区其实是最早的人类居住区，而现在只能找到盐和沙石了，因为动植物固定下来的盐分存留下来，而其他一切都挥发干净了。[180]

关于这一点我还可以补充一些事实的证据。这几个世纪里人们发现的所有荒岛几乎都布满了大量的各种草木。历史还告诉我们，随着人类的移民和开化，一些大森林必须整片整片地砍掉。对此我要指出以下三点：第一，根据布封先生的论证，如果有一种植物能够补偿被动物消耗掉的植物物质，那主要就是树木，因为树冠和树叶中聚集并保持的水分比其他植物多。第二，对土地越精耕细作，技艺越娴熟的人民所消耗的各类土地产品越多，土壤的破坏，即植物生长所需物质的丧失就越快。第三，也是更重要的一点，即树的果实向动物提供的食物比其他植物所能提供的多。我自己就做过实验，在同样面积、同样土质的两块土地上，一块种板栗，一块种小麦，然后对两块地的产品进行比较。[181]

注五：在四足动物中，肉食性动物表现出两种最普遍的特征：一是牙齿的形状，一是肠子的构造。草食性动物，其牙齿都是平的，例如马、牛、羊、兔；而肉食性动物的牙齿是尖的，如猫、狗、狼、狐狸。至于肠子，草食性动物所具有的一些构造，如结肠，在肉食性动物身上就找不到。由于人的牙齿和肠子像草食性动物，因此似乎理所当然地归于此类。不仅解剖学研究证实了这种意见，而且古代文献中的记载也对这种意见非常有利。

哲罗姆说："狄塞亚克在他的著作《古希腊》中记载，在农神统治下，土地本身还很肥沃。没有人吃肉，人人都吃天然生长的水果和蔬菜。"（《驳若维尼派》第2卷）

这种意见还能以近代许多旅行家的游记做依据。其中弗朗索瓦·科雷尔证实，被西班牙人驱赶到古巴、圣多明各和其他地方的卢卡约土著居民，大部分都因吃肉而死亡。[182] 由此可见，我还忽略了很多我可以利用的有利论据。因为猎物是肉食性动物相互争斗的唯一原因，而草食性动物在一起生活则能长期和平共处。如果人类属于草食性动物，那么很显然，在自然状态下，人赖以生存的便利条件越多，则脱离此状态的需求和机会就越少。

注六：所有需要思考的知识，所有只有通过思想的连贯才能获得和逐渐完善的知识，似乎完全超出了野蛮人的思维能力，因为他们缺乏与其同类的交往，也就是说，缺乏进行这种交往的工具和使交往成为必要的需求。他们的知识和技能仅限于跳跃、奔跑、打斗、扔石头、爬树等。然而，尽管他们只会这些，却比我们要熟练得多。因为我们不像他们那样需要这些知识和技能，还因为这些技能只依赖于身体的训练，个体之间不易产生交流，也不能互相促进，所以前后几代人的技艺熟练程度完全相同。

在旅行家们的游记里，关于野蛮民族人的力气和精力的例子不胜枚举。这些游记几乎都对他们的轻盈灵敏赞不绝口。由于这些事物都只需用眼睛就能观察到，因此我们没有理由不相信目击者在这方面证实的东西。我从手边的几本书里随便就能找出几个例子。

科尔邦[183]写道："霍屯督人比住在好望角的欧洲移民还要精通捕鱼之道。用网捕、用钩钓、用叉刺，样样都会，在小海湾里捕鱼就像在内河里一样。他们徒手抓鱼也同样熟练。游泳的技巧也无人能敌，姿势也颇为特别，完全是他们独有的。他们直立着身体游，双手伸出水面，看上去就像在地面上行走一样。当海上风大浪高时，他们就像在浪脊上跳舞，如同一只软木塞上下翻腾。"

这位作者还写道："霍屯督人打猎也惊人地机灵，奔跑起来敏捷不可思议。"

令他惊讶的是，霍屯督人虽不经常将他们的机智用到坏道上，但偶尔也会使坏，这可以从他们所举的例子看出。

一个荷兰水手在好望角上岸时，差遣一个霍屯督人把一捆二十来斤的烟叶跟随他背到城里。当他俩离开下船的人群有一段路时，这个霍屯督人问水手会不会跑。荷兰人说道："跑？会呀，我跑起来快得很呢！"这个非洲人说："那就试试吧！"于是他背起烟叶，转眼就跑得无影无踪。这个水手被他的速度惊呆了，连追也不想追了。结果他再也没见着他的烟叶和那个脚夫。

霍屯督人的眼快手准是欧洲人难以匹敌的。一块石头就能击中百步之遥的半个苏硬币大小的目标。更令人惊奇的是，他们不是像我们这样眼睛一直盯着目标，而是不停地走动并扭动身体，而石头就像是被一只无形的手带到目标上去似的。

迪泰尔特神甫[184]记述的关于安的列斯群岛野蛮人的见闻，与刚才读到的好望角霍屯督人大致相同。他尤其对他们用弓箭射击飞鸟游鱼的准确度赞叹不已。射中鱼后，他们即跳入水中擒之。这些北美野蛮人的体力和敏捷也毫不逊色。下面举一个例子，可以对南美印第安人做出评价。

1746年，布宜诺斯艾利斯的一个印第安人被判在到加的斯的战船上做划船的苦工。他向总督提出，要在一个公共节日里，以冒一次生命危险为代价来赎回自由。他允诺只身攻击一头脾气最暴躁的公牛，手中除了拿一根绳子之外不拿任何别的武器。他要把公牛摔倒，用绳子捆住它，人们指哪捆哪。他要给它备上鞍子，系上缰绳。骑上它之后，就要与人们从斗牛场牛栏放出的另外两头最狂暴的公牛搏斗，在人们规定的时间内，一头一头地把它们杀死，不需要任何人帮助。总督准许了他的请求。而这个印第安人没有食言，所允诺的一切都成功完成。关于这个印第安人行事的方法，搏斗的全部细节，人们可以查阅戈蒂埃先生的《博物学评论》。[185]这个事例就引证于此。

注七：布封写道："和所有其他种类的动物一样，马的寿命是与其成长期成正比的。人的成长期为十四年，可以活六七倍这么长的时间，即九十到一百岁。马的成长期为四年，活六七倍这么长的时间，即二十五到三十岁。可能违反这个规律的例子非常罕见，甚至不必把它们当作一个可以从中得出结论的例外。由于肥壮的马比瘦弱的马成长期短，因此它的寿命也短，十五岁后就衰老了。"[186]

注八：我认为肉食性动物和草食性动物之间还有一个区别，比我在注五中指出的那种区别还要普遍，因为这种区别扩大到了鸟类。这个差别反映在幼崽的数量上。只靠植物生活的动物一胎不超过两个幼崽，而肉食性动物通常都超过此数。从雌性草食性动物的乳房只有两个就很容易理解大自然的用意，如马、牛、鹿、羊等；而其他动物的雌体上一般有六个或八个乳房，如狗、猫、狼、老虎等。鸡、鸭、鹅和鹰、猫头鹰一样，属肉食性鸟类，能产很多卵，孵出许多小雏；而鸽子、斑鸠或其他完全只食谷物的鸟类就不一样，它们一次只产和孵两枚卵。造成这个差别的原因可能在于：由于草食性动物整天都待在牧场上，不得不花许多时间去吃食，就没有足够的时间给太多的幼崽哺乳；而肉食性动物进食几乎只要片刻时间，因此可以更方便更经常地照顾幼崽和捕猎，并能补充如此大量的乳汁消耗。对所有这些至少还要做一些具体的观察和思考，但并不是在此处，在此我只要指出大自然最普遍的规律，这个规律提供了新的依据，据此我们可以把人类与肉食性动物类分开，划入草食性动物类。

注九：有一位著名作家，权衡了人生的幸福与痛苦，并从量上将它们进行比较，发现痛苦远远多于幸福。而且总体来说，生命对于人是一个非常糟糕的礼物。[187]对他的断言我并不感到奇怪。他是从文明人的身体素质得出他的全部推论的。如果他上溯到自然人，我们就可以断定，他会发现结果将大不一样，他就会发现，人的痛苦都是自己造成的，与大自然没有什么干系。我们人类最终能把自己弄得如此不幸，也不是不费周折的。一方面，我们来仔细看看人类的丰功伟绩吧：人们研究了那么多科学，创造了那么多艺术，运用了那么多力量；人们填平了沟壑，削平了山峰，砸碎了岩石；江河可通航，土地被开垦，湖泊被疏浚，沼泽被排干；陆地上矗立起座座高楼，大海上船只编队航行。另一方面，我们稍稍加以思索并仔细探究一下所有这些为人类幸福带来的实在利益，就会对幸福与痛苦的比例严重失调感到震惊，并且就会悲叹人类的轻率行为。人类为了滋长自己的愚蠢的骄傲情绪和虚浮的自我赞赏，狂热地追求可以承受的一切苦难，而这苦难都是仁慈的大自然着意要人类去避免的。

人类是作恶多端的，其长期的可悲经历就足以证明这一点。而人天生又是善良的，我认为这也已经得到证实。如果不是因为人的体质发生了变化，不是因为人自己取得了进步、获得了知识，那么他怎会堕落到这种地步？让人们去尽情地赞美人类社会吧，但人们之间的利益关系愈加紧密，这个社会就必然使人们越加相互仇恨，这一点是确凿无疑的。表面上看人们是在互相帮助，实际上都在互相算计。在人与人的交往中，每个人的理性为他自己确立的准则，都与公共理性向全社会说教的准则截然相反，每个人都从他人的不幸中谋得好处，想一想这是一种何种方式的交往！也许没有一个富翁不是被他贪得无厌的继承人（多半是他的子女）暗中诅咒着死去的；[188]没有哪一次海船失事，对某个商人来说不是喜讯的；没有哪个背信的债务人不希望他的债权人的商号连同所有账本单据一起烧个精光的；没有哪个民族看到邻国遭灾受难不欢天喜地的。人们就是这样从同类的损失中谋求利益，一个人的失败几乎总是造成了另一个人的成功。但是更可怕的是，有许多人还把希望寄托在公众的灾难上，如有人希望疾病流行，有人希望人大量死亡，有人希望战争爆发，有人希望饿殍遍野。我看到过一些可恶的人见到丰年的征兆，竟难过得流泪；伦敦大火[189]造成了那么大的生命和财产损失，却可能让一万多人大发横财。我知道蒙田曾指责过雅典人戴马德斯，因为戴马德斯惩罚了一个工匠，说他棺材卖得太贵，死人的钱赚得太多。[190]但蒙田为这个工匠开脱的理由是，人人都应该受到惩罚，这个理由显然证实了我的观点。因此，我们要透过人们的浅薄的仁慈的外表，深入了解人的内心深处。我们要想一想，人人被迫相互亲近，又相互争斗，出于责任而结仇，又由于利益而互骗，这是一种什么样的世态！如果有人辩称，社会就是这样构成的，每个人都从帮助他人中得到了利益，我就要反驳他，如果人们不损人而更能利己，那就太好了。[191]合法的利益是绝不会大于非法所得的利益的，伤害他人总是比帮助他人更有利可图。因此问题只在于寻求确保自己不受惩罚的手段，正是为此，强者用尽权势，弱者用尽心计。

野蛮人吃饱肚子，就与整个大自然和平共处，与同类友好相待。偶尔要跟别人争夺食物，也是先将打败对手的难度与去别处另找食物的难度比较一下，然后才决定是否动手；由于这种打斗不含自尊心的因素，因此双方交手几个回合即告结束。胜者吃他的战利品，败者另谋机遇，一切都平静如初。但是社会中的人就大不一样。首先要满足生存必需，然后再求富足有余，接着就是追求逸乐以及无数的财富、臣民和奴隶，一刻也不得休闲。更奇怪的是，人们对那些越不是生理上的迫切需要，欲望反倒越强烈，而更坏的是满足这些欲望的权势。因此，在长期兴旺发达之后，在攫取了无数的财宝、蹂躏了无数的人之后，我们的英雄最终屠杀了一切，直到成为宇宙的唯一主宰。[192]这就是人类道德画面的缩影，即便不是人生的缩影，至少也是每个文明人隐藏心底的奢望的缩影。

请不带偏见地把文明人的状态与野蛮人的状态做个比较吧。如果有可能，再去探究一下，文明人除了拥有他的邪恶、他的贫困和他的苦难外，还怎样为痛苦和死亡敞开了一些新的大门。如果你仔细地想一想使人们心力交瘁的精神痛苦，使人们精疲力竭的情欲；如果你想一想穷人不堪忍受的过度劳作，富人耽于其中的更为可怕的骄奢淫逸，还有那些使一些人因匮乏而死、另一些人却因过剩而死的东西；如果你想一想各种食物奇怪的掺和，有害健康的作料，腐败发臭的食品，掺假的药品以及贩卖这些药品的江湖骗子，给病人用这些药品的庸医，配制这些药品的有毒的瓶瓶罐罐；如果你注意聚集的人群中由污浊空气导致的流行病，还有因下列原因导致的疾病：生活方式过于讲究，室内室外进出频繁，增添衣服过于小心，以及所有那些细心照料，被过度的耽于声色转变为必不可少的生活习惯（若疏忽和戒除这些习惯便危及健康或生命）；如果你再把吞噬和颠覆整个城市、造成大量居民伤亡的火灾和地震也算在内……总之，如果你把所有这些原因接二连三地给人类造成的危险汇总起来，就会发现，由于无视大自然给予的教训，人类付出的代价有多么大！

此处我不想重提关于战争的事情，这在别处已经说过。但是我希望那些熟悉情况的人，愿意或者敢于把军粮和医院的承包人在军队里犯下的骇人听闻的罪行公布于众，这样我们就可以了解到他们那些并不隐蔽的肮脏交易。[193]由于这些肮脏交易，最英勇善战的军队也会不堪一击。由这些肮脏交易造成的士兵死亡人数比阵亡的人数还要多。每年由于饥饿、败血症、海盗、失火、失事等原因而被大海吞噬的人，其数量也同样令人吃惊。显然，暗杀、投毒、拦路抢劫以及对这些罪行的惩罚（惩罚对防止发生更严重的罪行是必要的，但是由于谋杀一个人，就要付出两个人或更多人的性命，岂不是让人类遭受双倍的损失），这都应当归咎于私有制的确立，从而也都应当归咎于社会。人们采用多少卑劣的手段来阻止人类的生育，欺骗大自然啊！看看这些手段：或是一些粗俗下作、无视自然杰作的癖好，这些癖好连野蛮人甚至野兽都不曾知晓，而且只有在文明开化的国度里，从一种腐朽堕落的幻想中产生出来；或是私下堕胎，这是荒淫无度和邪恶名誉的恶劣后果；或是遗弃或杀戮大批婴儿，他们是父母的苦难或母亲的不开化的羞耻心的牺牲品；或是阉割一些不幸者，这样他的一部分生命和他的全部后代都献给了虚幻的歌声[194]，或者更坏的是，为某些人残忍的嫉妒心做出牺牲，在这种情况下，无论从受害者所遭受的虐待还是从他们的被使唤来看，阉割都是对大自然双倍的亵渎！

但是[195]，不是还有许许多多以父权来公然侵犯人性的情况吗？这种情况更常见、更危险。父亲的粗暴压制，埋没了多少人才，扼杀了子女们的多少爱好啊！多少人如果处境适宜就能出类拔萃，却在另一种使他们毫无兴味的处境里屈辱忧愤而死！由于社会地位的等级总是与自然秩序相矛盾，因此多少幸福的婚姻因不是门当户对而横遭破坏和干涉！多少贞洁的妇女遭到玷污！还有多少因利益而结成的奇怪的婚姻，没有爱情，并遭到理性的谴责！甚至有多少对忠实正派的夫妻，因互不般配而彼此折磨！有多少青年成了父母贪念的牺牲品，陷于邪恶不能自拔，或者终日在内心拒绝接受由金钱造成的无法解脱的锁链中哭泣呻吟！那些有勇气、有美德的人，不愿在野蛮的暴力压迫下在罪恶和绝望中了此一生，而早早地结束自己的生命，他们是多么幸福啊！原谅我吧，永远可怜的父母！我不是有意要加剧你们的痛苦。但是这些痛苦对于任何甚至竟敢以大自然的名义侵犯其最神圣的权利的人，都是永久恐怖的警钟！

虽然我只提及那些由我们的社会制度造成的不幸的结合，但是人们就可以认为由爱情和同情主宰的婚姻毫无缺陷了吗？如果我再指出，由于人们只在询问了财产情况后才去满足生理需求，并且由于社会的无序状态使得人们善恶不辨，竟使禁欲成了预防犯罪的手段，节育成了人道的行为，从而使人类繁衍的根源，以及最神圣的两性关系已经遭到侵害，这到底算什么呢！但是我们无须把人类的那么多丑恶行为一一揭露出来，我们只指出别人必须加以矫治的那些弊病。

除了这些，我们再来说说那么多危害健康的职业吧！其中有挖煤，金属冶炼，矿物尤其是铅、铜、汞、钴、砷和雄黄[196]的制取，这些职业都会摧残人的体质，缩短人的寿命；还有一些危险的工作，每天都要夺去许多人的生命，如瓦工、木工、石工、筑路工。把所有这些都加起来，我们就能知道为什么随着社会的建立与完善，人口却逐渐减少了——人口减少是很多哲学家都观察到的现象。

一些人为了贪求个人的享受和博得他人的尊重，必定要去追求奢侈的生活，这很快就使已经开始出现弊病的社会雪上加霜。有人说富人们的奢侈可以养活穷人，这是个根本做不到的借口，它使其他人都趋于贫困，国家的人口迟早也会减少。

奢侈这服药比要它医治的弊病还要糟得多，更确切地说，无论哪个国家，并且不论大小，奢侈本身就是最严重的弊病。为了养活一大批由奢侈产生的仆从奴才和流氓泼皮，农民和市民都不堪重负，甚至倾家荡产。奢侈就像南方火热的风，给草场和田野带来了害虫，吃光牲畜赖以生存的饲料，所到之处造成食物匮乏，人畜死亡。[197]

从社会及其所造成的奢侈生活中，诞生了艺术、工艺、商业、文学以及所有那些使工业繁荣兴旺的无用之物，富了国家，也亡了国家。亡国的原因很简单。由农业性质很容易看出，它是赢利最少的技艺，因为农产品人人都离不了，所以价格就必须得让最穷的人都能买得起。根据同样的原理可以推出一种规律，即一般说来，技艺的获利与其有用性成反比。最必需的技艺最终必定最不受重视。工业带来的真正利益何在？由这些进步产生的实际效果又如何？对此我们应当抱有什么看法？从这里就可以知道。[198]

富裕最终给最受羡慕的国家带来了所有这些苦难，其不可忽视的原因就在这里。随着工业和艺术的繁荣，被人瞧不起的农民，担负着维持社会生活所需的苛捐杂税，因此注定要辛苦劳作却得不到温饱，于是他们只好离开农田，涌向城市去挣理应由他们提供的面包。都市生活的繁华越是令人羡慕得目瞪口呆，就越是应该悲叹乡村十室九空、农田大片荒芜、大路上到处是沦为乞丐和强盗的苦难市民的那种景象，而这些人注定某一天要在残酷的刑罚中或穷困潦倒中了结其苦难中的一生。国家就是这样一面富裕起来，一面又国力衰微，人口减少。最强大的君主国家也是如此，在竭尽全力聚敛了财富却导致人口减少之后，便招致穷国来犯，最终成了他们的战利品，然后又轮到这些穷国一边富裕起来，一边衰微下去，直到自己被人侵略，最终灭亡。

但愿有人告诉我，在那么多世纪里，大批大批的野蛮人如何得以涌入欧洲、亚洲和非洲。是他们技艺的精湛、法律的审慎、治理的得法，使得他们产生数量如此惊人的人口吗？为什么这些没有知识、不受约束、未受教育的凶残的人，在人口远未增到如此数量之前，不因时刻发生的争夺食物或猎物的搏斗而相互残杀灭绝呢？但愿学者们能愿意告诉我们其中的原因。但愿他们能够解释，这些卑贱的野蛮人怎么竟敢正视像我们这样精明、有着如此严明的军事纪律、如此完美的法典、如此审慎的法律的人？最后请说明：为什么在北方国度的社会完善之后，在那里的人们花很多气力使大家了解相互应尽的义务及和平共处的方法之后，却再也见不到昔日那样大量的人口了？我真担心有人最终竟这样回答我：所有这些高贵的东西，即艺术、科学及法律，都是人类十分审慎地发明出来的，它就像一场鼠疫，能够阻止人口的过度增长，免得使指定给我们的这个世界最后小得无法居住。

那又怎么样！难道要取消社会，取消你的东西、我的东西，返回大森林去和熊一起生活吗？这是仿效与我意见不同的人提出的结论，我喜欢预先提出来，同样也想让他们为得出这种结论而感到羞耻。唉！你们这些人啊，没有聆听过上苍的声音，只知道人除了安度其短暂的一生外，再没有其他目的；你们这些人啊，可以把你们的有害的所得物、不安的灵魂、腐败的心灵以及抑制不住的欲望统统丢弃在城市里；你们这些人啊，既然你们可以独立自主，那就去重新找回你们古朴原始的天真吧；你们这些人啊，到森林中去吧，彻底忘掉你们同时代人的罪孽，如果为了弃绝人类的邪恶而要抛弃人类的智慧，也不用担心这样会贬损人类的价值。至于那些像我这样，情感已经永远丧失了原始淳朴，既不能再以野草和橡实为食，又离不了法律和首领的人；至于那些从他们的祖先起就有幸聆听了超自然的教训的人；至于那些从首先赋予人类行为一种道德性这种意图中，看出一句箴言（这句箴言本身并不重要，但其他任何理论都无法解释[199]）里所含道理的人……总之，至于那些确信上帝的声音在感召全人类去拥有天使的智慧和幸福的人，所有这些人，则通过一边学习认识善行，一边实践他们必须实行的善行，争取博得他们期望得到的永恒的褒赏：他们作为社会的成员，理当会尊重社会中的神圣关系；他们会热爱他们的同胞，全心全意为他们服务；他们会严格遵守法律，服从立法者和执法者；他们尤其会敬仰那些知道预防、医治或减轻那么多就要压垮我们的社会弊病的仁慈贤明的国王；他们对那些尊敬的首领既不敬畏又不奉承，向他们说明，他们的工作是艰巨的，他们的责任是重大的，以此来激发他们的热情。但是，如果一种政体只有靠这么多往往无法求得的德高望重的人才能维持，而且尽管他们工作认真仔细，而实际发生的灾祸仍然比表面的成功多，那么人们还是不会尊重它的。[200]

注十：在我们自己、历史学家或旅行家所了解的人中，有黑种人，也有白种人，还有黄种人。一些人披着长发，另一些人则只有鬈发。一些人体毛浓密，另一些人却连胡须也不长。曾经出现过，而且现在可能还有一些民族，身材高大魁梧。撇开可能只是夸张的传闻的俾格米人不谈，就我们所知，斯堪的纳维亚北部的拉普兰人，尤其是格陵兰岛人，他们的身高都远在人的平均身高以下。有人甚至认为存在像四足动物一样长着尾巴的民族。我们虽然不会盲目相信希罗多德和克特西亚斯[201]的书中所写的东西，但至少可以从中得出一种可能真实的看法，即假如我们能够对古代所发生的事进行仔细观察，也会注意到，由于当时各民族生活方式上的差别比现在大，因此人的体形和行为习惯的差别就大得更加令人吃惊。所有这些事实，都是很容易找到证据的。如果某些人习惯于只注意身边的事物，忽视气候、环境、食物、生活方式、日常习俗对人的强烈影响，尤其是忽视同样是这些因素，当它们连续作用在绵延多少代人身上时所产生的巨大效力，那么他们才会对所有这些事实感到惊讶。今天，由于商业、旅行和武力征服使各民族更加相互交融，交往频繁又使他们的生活方式不断接近，因此我们发现某些民族的差别已经缩小。例如，人人都可能注意到，如今的法兰西人不再具有拉丁史学家所描述的那种白色和古铜色高大身躯，尽管随着时间的推移，法兰克人和诺尔曼人（他们本身即为白色和古铜色皮肤）相互混融，应能把以前由于与罗马人经常交往，居民在自然体质和肤色上可能摆脱了的受气候的影响恢复过来。有无数的原因可能和实际上已经使人类产生变异。根据对这些变异进行的所有观察，我认为被那些旅行家们当作野兽的许多类人动物，说不定实际上就是些真正的野蛮人。这些类人动物或者外形与人有差别，或者仅仅是不会说话，于是旅行家们不加仔细考证就把他们当作了野兽。[202] 由于这一种野蛮人自古以来就散居在森林里，没有机会开发任何潜在能力，得不到一点进化，从而仍然处在原始的自然状态。下面就我要说的事情举一个例子。

《旅行纪实集》的译者写道：

> 我们在刚果王国发现大量这种动物，在东印度群岛被人们叫作"奥兰－乌当"。它们是介于人类和狒狒之间的动物。巴特尔[203]描写到，人们在罗安戈王国的麦杨巴森林里发现了两种怪物：一种个子大的叫作"庞戈"，另一种叫作"安若柯"。前一种与人一模一样，但个子高大，身

体十分粗壮，长着人样的面孔，眼窝陷得很深。手、面颊、耳朵处没有毛，只是眉毛很长。身体其余部位都长有毛，但也不太浓密，毛色呈棕色。最后唯一与人不同的是它们的小腿没有腿肚子。它们直立行走，边走，边用手抓住颈子上的毛。它们在森林里栖息，就睡在树上，还搭个蓬子遮雨。它们吃的是野果和核桃，从不吃肉。黑人路过森林并要在森林里过夜时，一般都要点燃一堆篝火。黑人们注意到，早上他们动身离开时，庞戈就取而代之围拢到火堆旁，等到火熄灭了才离开。虽然它们非常敏捷灵活，但还没有那么聪明，知道添加木柴，使火保持不灭。

它们有时成群结队地出动，杀死路过森林的黑人。它们甚至还袭击闯入它们的栖息地来觅食的大象，拼命地用拳头或棍棒骚扰，最终迫使大象吼叫着落荒而逃。人们从未活捉过庞戈，因为它太强壮了，十个人都不能逮住它。但是黑人杀死了母庞戈后，能捉到许多庞戈幼崽，它们就紧紧依偎在母亲的身旁。一个庞戈死了，其他庞戈就在尸体上堆满树枝和树叶。波查斯[204]补充写到，他和巴特尔交谈时，亲耳听他说过，一个庞戈从他那里掳去了一个小黑人。小黑人在这群动物中待了整整一个月，因为庞戈并不伤害被它们抓住的人，至少在人们不盯着它们时是这样，小黑人观察到这一点。另一种怪物巴特尔没有描述。

达柏[205]证实，在刚果王国到处有一种动物，在印度被人称作"奥兰-乌当"，意即森林居民，非洲人把它们叫作"果牙斯·莫罗斯"。达柏说，这类动物与人很相似，以致有的旅行家竟怀疑是女人与猿猴交配所生，但这种奇谈怪论连黑人也不相信。有人把这种动物带到荷兰一只，献给奥兰治国王弗雷德利克·亨利。它有三岁儿童的身高，不胖不瘦，但是端端正正，身体各部位比例适当。它动作非常敏捷活泼，两条腿肌肉丰满有力。身体的整个前面无毛，但背后长满黑毛。面孔乍一看像人，但鼻子扁平而弯曲，耳朵也和人一样。这是只雌性动物，乳房丰满，肚脐凹陷，肩部结合得很好，手分四指和拇指，腿肚子和脚后跟都是肉滚滚的。它经常直立行走，还能抬起并搬动很重的东西。它想喝水时，能一手拿着壶盖，一手托着壶底，喝完还优雅地擦擦嘴。它躺着睡觉，头枕在垫子上，还像人一样聪明，给自己盖上东西。黑人关于这种动物有一些奇特的描述，说它们不仅会强暴妇女和女孩，还敢攻击手执武器的男人。总之，它们很可能就是古人所说的森林之神。麦罗拉[206]曾说黑人在狩猎时常常捕获到一些男女野人，也许说的就是这种动物。

就在这部《旅行纪实集》第3卷中，他还说到名叫"贝戈"和"曼德利尔"的人形动物。然而，虽然我们相信上述记载，但是我们在有关所谓怪物的描写中，能发现它们与人类惊人的相似，而且发现它们与人之间的差异比人与人之间所能发现的差异还小。在这几段记述文字中，我们没有找到作者不把所谈及的动物叫作野蛮人的原因，但是容易猜到的原因就是它们既蠢笨又不会说话。但是，我们如果知道虽然人的说话器官是天生就有的，但说话本身并非天生就会，如果知道文明人的自我完善化能力得以把他提高到其原始状态以上的何种程度，这些理由在我们面前就站不住脚了。这些记述中有几行文字可以让我们看出，人们在观察这些动物时很不仔细，并且带着很深的偏见。例如，人们把它们叫作怪物，但又承认它们能够繁殖。巴特尔说庞戈杀死路过森林的黑人，而波查斯却说庞戈不伤害任何黑人，即使被庞戈抓住了也不伤害，至少在黑人不老是盯着它们时是这样。庞戈在黑人离开时聚集到黑人点燃的篝火旁，等火熄灭了才走开，这是事实，而观察者评论说："虽然它们非常敏捷灵活，但还没有那么聪明，知道添加木柴，使火保持不灭。"我倒想知道，巴特尔，或者是他的游记的编订者波查斯，怎么得知庞戈离开火堆是它们的头脑愚笨所致，而不是它们的意愿产生的行为？在像罗安戈国这样的气候下，火对动物来说不是必需的。黑人点燃篝火，不是为了抵御寒冷，而是为了吓唬猛兽。因此很容易这样理解，庞戈在玩了一阵火之后，或者身体暖和了，就觉得老待在一个地方没意思，而且也该去觅食了。由于它们不吃肉，觅食就要花很多时间。况且我们知道，大多数动物，包括人在内，都是生性懒惰的，任何事情，只要不是非干不可，都不会去干。最后似乎非常奇怪的是，被人们吹嘘得多么敏捷多么有力的庞戈，知道埋葬同类尸体并且会用树枝搭篷子的庞戈，却不知道添加木柴把篝火烧旺。这件人们硬说庞戈不会做的事情，我记得曾见过一只猴子就做过。确实，由于当时我的思想未朝这方面想，因此自己也犯了与旅行家们同样的错误，即我未能考察一下，猴子这样做的目的，究竟是使火保持不灭，还是像我以为的那样，只是模仿人的动作。不管怎样，人们已经证明，猴子不是人的一个变种。这不仅是因为它没有说话能力，而且尤其是因为人们确信猴子这一类动物没有自我完善的能力，而这种能力是人类的特性。然而，对于庞戈和奥兰-乌当，人们似乎没有进行过足够仔细的实验，因此就不能得出同一的结论。可是，如果奥兰-乌当或别的什么动物属于人类，就会有一种手段，连最粗心的观察者也可以借助它甚至通过演示来证明。但是，不仅单靠一代不能够完成这种实验，而且这种实验还被看作是不可行的，因为必须先证实只是猜测的东西，然后进行应能证实这个事实的实验才能无可非议。

　　仓促做出的判断不是一个有高度智慧的头脑的产物，不易做到准确无误。古人当作森林之神、农牧神来崇拜的那些动物，我们的旅行家们随随便便地就把它们叫作庞戈、曼德利尔、奥兰-乌当。在经过更加严谨的研究之后，人们也许发现，它们既不是野兽，也不是神，不过是人而已[207]。在未得出确切结论之前，我们在这上面有理由相信商人巴特尔、达柏、波查斯以及其他编辑者的记述，但也同样有理由相信麦罗拉这位学问渊博的传教士。即使他十分天真，也仍然是个有头脑的人。

想一想，如果还是这些观察者，面对前面说过[208]的1694年发现的那个儿童，发现他头脑一点儿没有开化，手足用来行走，不会说话，只会发出与人完全不同的叫声，会做出什么判断？向我提供这一事实的那位哲学家继续说道："他这样的发声又持续了很长时间，才会讲上几句话。他刚刚会说话，我们就向他探询其当初的情况，但他回忆不起来，就像我们不能回忆婴儿时发生的事一样。"[209]

如果这个孩子不幸落入这些旅行家手中，那就无须怀疑，他们在发现这孩子既不会说话又愚笨至极之后，就会决定把他送回森林，或者关进动物园，随后就会在一些引人入胜的游记中，把他当作一种十分像人的怪兽头头是道地来谈论。

三四百年来，许多欧洲人涌入世界的其他地区，陆陆续续出版了大量新的游记。但我深信，我们所了解的人还只是欧洲人。更有甚者，似乎人人还带着偏见（甚至连有学问的人也没有消除这些偏见），借研究人类之大名，实则只对他本国的人进行了研究。不论人怎样来往，哲学思想似乎并不传播，因此一个民族的哲学思想很少适用于另一个民族。其原因很明显，至少对于遥远的地区是如此。因为进行长途旅行的只有四种人，即水手、商人、士兵和传教士。然而我们不能指望前三种人中有细心的观察者，至于第四种人，由于时时操心所担负的崇高天职，因此即使他们不会像其他三种人那样带有身份上的偏见，我们也应该想到，他们是不会沉湎于这些研究工作的，这种研究工作似乎纯粹是由好奇心驱使的，并且会使他们在要从事的更重要的工作上分心。此外，要使福音的布讲有成效，只要有虔诚的心就行，其余的由上帝赐予。但是，要研究人类，就需要一些才能。上帝并不保证把这些才能赋予任何人，而且这些才能也并非总是圣人的天赋。我们只要打开一本游记，都能看到有关风土人情的描写。但是，我们非常惊讶地看到，这些人絮絮叨叨所说的事情都不过是众所周知的。他们在世界的另一端所看到的东西，我们不出街道就能看到，而区别各个民族的那些真正的特征，就是出现在眼前，也几乎总是视而不见。由此产生一句有名的伦理学格言，被那伙哲学家经常挂在嘴边上："天下的人都一样。"既然人的情感到处是一样，缺点也一样，那么刻意去描述各个民族的特征就毫无必要。这等于说，人们之所以不能区分皮埃尔和雅克，就是因为他俩都长着一个鼻子、一张嘴和两只眼睛。[210]

那种幸福时代永远也不会重现了吗？在那个时代里，人群中没有哲学家，但是有类似柏拉图、泰勒斯和毕达哥拉斯的人，他们受强烈的求知欲驱使，为了获得知识做最广泛的旅行。他们甚至能摆脱民族偏见的束缚，学会通过人的相同点和不同点来了解人，获得那种普遍知识，这种普遍知识不是某个时代某个地区所独有的知识，而是各个时代各个地区都存在的知识，也就是贤哲们所共有的那种学问。

人们赞赏一些好奇者慷慨大方，这些人自己或者委托别人，花巨额费用，带上一些学者和画家去东方旅行，就为了画一些破房子，辨认或抄写一些铭文。但是我就弄不明白，在人人自夸满腹经纶的年代，怎么就找不到这样两个人：一个有万贯家财，一个学富五车，他们两人都仰慕荣耀，向往流芳百世。他们能通力合作，一个人花去两万家产，另一个人耗费十年光阴，到世界各地做一次名垂青史的旅行。在那些地方，他们也不总是研究岩石和植物，还要研究一下人和风俗习惯。在人们花了这么多世纪测量和考察那里的房屋之后，他们终于想到要认识认识住在里面的人。

科学院院士跑遍了北欧和南美，他们大多是作为几何学家而不是哲学家在那里游历的。然而，由于他们既是几何学家，又是哲学家，因此我们就不能把孔达米讷[211]和莫柏杜依这些人去过并且描写过的地方再看作是完全陌生的地区。珠宝商夏尔丹[212]像柏拉图那样旅行过，关于波斯就没有什么可说的了。耶稣会士对中国似乎观察得很仔细。[213]坎普弗尔[214]在日本看到的那点东西，使人对日本有个大致的了解。不看旅行家们的那些游记，我们对东印度的民族就一无所知，因为常去这些地方的那些欧洲人，大多是渴求装满钱袋，而不是装满脑袋。整个非洲及其性格与肤色一样奇特的大量土著居民都尚待考察，整个大陆遍布着我们仅仅知道名称的民族，而我们居然要对人类下定论！假如有一位孟德斯鸠、一位布封、一位狄德罗、一位杜克洛、一位达朗伯、一位孔狄亚克，[215]或者诸如此类的精英，为了向同胞传授知识去世界旅行，并尽其所能地观察和描写土耳其、埃及、巴巴利、摩洛哥帝国、几内亚、卡非尔地区、非洲内陆及东海岸、马拉巴尔地区、莫卧儿、恒河两岸、暹罗王国、贝古王国和阿佤王国、中国、鞑靼，尤其还有日本，然后再到地球的另一面，去墨西哥、秘鲁、智利、麦哲伦海峡两岸，别忘了真假巴塔哥尼亚人，还有图库曼、巴拉圭，如有可能再去巴西，最后是加勒比地区、佛罗里达以及所有未开化地区。[216]这是最重要的旅行，应当极其认真地去完成它。假如这些新的英雄从这些难忘的旅行中归来，接着根据他们的所见所闻，从从容容地编纂一部自然、伦理和政治史。这样我们也就亲眼看到，从他们的笔下出现一个崭新的世界，由此我们也就学会认识我们的世界。当这样的观察者断定这种动物是人，那种动物就是野兽时，我认为就应当相信他们；但是我们在这方面要是指望那些粗心的旅行家，向他们提出超越他们能力的要求，要他们就其他动物来解决同样的问题，那就天真了。[217]

注十一：在我看来这是最明显不过的事情了，而且我很难想象出，我们的哲学家使自然人具有的所有这些情感是从何处产生的。除了本能驱使的唯一的生理需求外，其他一切需求都不过是由习惯（在有这些习惯之前，还没有这些需求）或者由人的欲望产生的；而且人对不能认识的东西也不会有什么欲望。由此说明野蛮人只想要他所认识的东西，而且只去认识他有能力占有即容易得到的东西，所以他的灵魂最安宁，而他的头脑也最闭塞。

注十二：我在洛克的《政府论》[218]中发现了一种不同的说

法，我觉得它太似是而非了，不容我佯装不知。

这位哲学家写道：

由于两性关系的目的不只是为了生殖，而且也是为了繁衍种族，因此，即使在生育后，为了喂养和保护幼儿，这种关系也必须保持一段时间，即直到孩子能自立时为止。我们看到，智慧无边的造物主为他亲手创造的杰作制定的这个规则，有些低于人类的动物也一直严格遵守着。在草食性动物中，两性关系只持续到每次交媾之后，因为母兽的乳汁足够将幼崽喂养到它们能够自己吃草。公兽只管生殖，此后既不管母兽，也不管幼崽，对它们的生计丝毫不过问。肉食性动物的两性关系就要长久些，原因是母兽的捕猎物不够自给和喂养幼崽。因为靠猎捕获得食物是比吃草更费力更危险的手段。因此，公兽的扶助对维持共有的幼崽是绝对必需的，而幼崽在能自己捕猎之前，只有靠其父母抚养。我们注意到在鸟类动物中也有同样的情况，只是家禽除外，因为它们所处的环境食物丰富，不需要雄禽喂养幼雏。我们看到，幼雏还不会飞时，由雄鸟和雌鸟带回食物喂养，直到能飞出去自己觅食为止。

我认为，人类两性关系之所以必须比其他动物维持得更长久，其主要原因（如果不是唯一原因的话）就在于此：女人能够怀孕，而且按照常理，能在前一个孩子自食其力为时尚早时再次怀孕，又生下一个孩子。这样，父亲就必须照顾他所生养的这些孩子，而且要照顾很久，他就必须与和他共有这些孩子的女人以夫妻关系一起生活，并且比其他动物更长久地保持这种关系。其他动物在下一个生殖期到来之前，其幼崽就能自食其力，因而两性之间的关系自行中断，各自又处于完全自由状态，直到动物通常都会发情交媾的那个季节，它们又得重新寻求新的伴侣。在这里，我们无论怎样赞叹造物主的智慧都不过分，因为他已经赋予人类一些特有的品质，让他们既能供目前之求，又能备将来之需，他又想要并且已经使得人类的两性关系比其他动物更为持久，以便借此来促进人类男女的生活能力，并使他们的利益能更好地结合起来，为的是能够抚养孩子，并为他们积累财富。对孩子最不利的莫过于男女的暧昧不定的结合和轻率频繁的离异了。

我出于对真理同样的热爱，如实地把这种不同的说法公之于众，并禁不住要加上几条评注，即使不能解决问题，至少也能澄清一下问题。

（一）我首先要指出，对于生理上的问题，伦理上的证明不足为凭。这种证明顶多是对现有事实进行解释，并不能证实这些事实的真实存在。然而，在我刚才转述的那段话中，洛克先生所采用的就是这种证明方法。因为不管男女长久结合对人类有多大益处，也不能由此推论是大自然有意这样安排的；否则就应该说，大自然也创立了文明社会、艺术、商业以及人们认为对人类有益的一切东西了。

（二）我们不知道洛克先生何以发现肉食性动物的两性关系比草食性动物维持得更持久，而且还互相帮助着喂养幼崽。因为我们没有见过公犬、公猫、公熊或者公狼比公马、公羊、公牛、公鹿或者所有其他四足动物更能识别它们的配偶。相反，似乎倒是在食草类动物中母兽才尤其需要公兽帮助保护幼崽，因为母兽要用很长时间来吃草，其间它就不得不把幼崽撇在一边不顾；而母熊或母狼顷刻之间就可以把猎物吞下肚，于是有充分的时间喂养幼崽而自己不感到饥饿。我在注八中谈及，肉食性动物和草食性动物区别特征在于乳房和幼崽的相对数量，对此进行的观察证实了这里的推论。如果这个观察结果正确，并且具有普遍性，那么由于女人只有两个乳房，一次又几乎只生一个孩子，因而这是怀疑人并非天生就是肉食性动物的又一个有说服力的理由；于是，为了要得出洛克的这个结论，似乎又必须把洛克的推论彻底颠倒过来。把这种区分肉食性动物和草食性动物的方法援用于鸟类，可靠性并不更强。因为谁会相信秃鹫和乌鸦的两性关系就比斑鸠更持久呢？我们举两种家禽为例，如鸭子和鸽子，它们的情况就与洛克的理论截然相反。鸽子只以谷物为生，它只有一个配偶，它们共同抚育幼雏。鸭子是人们熟知的肉食性家禽，它就不能辨认其配偶，也不能辨认它的幼雏，对抚养它们也毫无帮助。在鸡这种同样也是肉食性家禽中，我们看到公鸡也丝毫不为抚养小鸡操心。在其他鸟类中，之所以雌雄共同分担抚养幼雏的任务，是因为鸟类年幼时不会飞，雌鸟又不能哺乳，与至少在一段时间内母兽乳汁充足的四足动物相比，更少不了雄鸟的帮助。

（三）洛克先生用来作为其推理基础的主要事实中，有很多不确定的地方。因为要想知道是否像洛克先生所说的那样，在纯粹自然状态下，女人通常会早在前一个孩子能自食其力之前再次怀孕，生下一个孩子，就必须做一些实验，这种实验洛克先生肯定没有做过，而且也是没人能做的。夫妻继续同居是女人再次怀孕的直接原因，因此很难相信，在纯粹自然状态下，男女的偶然相遇或单靠性冲动，导致的怀孕次数会和在夫妻关系状态下一样多。女人怀孕次数少也许能使孩子的体格更加健壮，而且女人的怀孕能力也可以得到补偿，因为女人在年轻时如果没有过多地怀孕，她的生育期就会延长。关于孩子，我们有足够的理由相信，现在的孩子的体力和器官要比我所说的那种原始状态下的孩子发育得迟。孩子从父母身上继承的先天就孱弱的体质，用襁褓包裹婴儿妨碍其四肢活动的护理方式，对孩子的溺爱，也许还有用其他动物的奶代替母乳，所有这些都阻碍和延缓了孩子体质的早期发育。[219] 人们迫使孩子关注无数的事物，要他们经常把注意力集中到这些事物上，却不让他们进行任何体力训练，这就在很大程度上更加抑制了他们的成长发育。因此，如果一开始不采用各种方式来加重孩子的精神负担，不使他们感到疲惫，而是让他们按照似乎是大自然所要求的那样，通过经常的运动来锻炼身体，我们可以相信，他们很早就能行走、劳动乃至自食其力了。[220]

（四）最后，洛克先生充其量只证明了男人确实可能有动机在女人有了孩子时与她继续保持关系，但是他根本没有证明，在女人分娩前的九个月期间男人非要与她同居不可。如果这个女人在这九个月里，那个男人对她不闻不问，甚至她在他眼中已经成了一个陌生女人，那么为什么在女人分娩之后，这个男人还要来帮助她？为什么他要帮助她养育一个他甚至不知道是否属于他，而且他既未决定要又未预料到会出生的孩子？显然洛克是把尚有疑问的事情当成假设条件了。因为问题不是为什么男人在女人分娩以后继续与她保持关系，而是为什么在女人怀孕后仍与她保持关系。当性欲得到满足后，男人就不再需要这个女人，或者女人不再需要这个男人。这个男人对自己行为的后果丝毫不去操心，也许根本就想都不想。男女各奔东西，而且没有迹象表明在九个月后他俩还记得曾经相识，因为正如我在论文正文中[221]证明过的那样，人类的智力必须达到更大的进步或者说堕落到更深的地步，才会在繁衍后代的行为上产生一个个体偏爱另一个个体的记忆。此处谈及的人还处在动物状态，因此不能设想他的智力达到了这种程度。因此，别的女人也可以和这个男人曾经相识的那个女人一样，舒适地满足这个男人新滋生的性欲，假如以前那个女人在怀孕期间也有性欲，别的男人同样也能满足她，而对这种假定我们也可以有理由怀疑它。如果在自然状态下，女人在怀了孩子之后不再有情欲，那么她和这个男人一起相处的障碍就变得很大，因为此时她既不需要这个使她怀孕的男人，也不需要其他男人。这样，这个男人就没有任何理由再去追求同一个女人，而这个女人也没有任何理由再去追求同一个男人。于是洛克的推理就被彻底推翻了，这位哲学家的所有论证都未能避免霍布斯和其他人所犯的那种错误。他们应当解释的是自然状态下的事实，即在这种状态下，人们都是单独地生活，某人没有任何理由要与另一个人生活在一起。比这更糟的是，或许这一群人也没有任何理由要与另一群人共同生活。他们的思想仍没有摆脱社会的时代的局限，因为只有在社会时代里，人们才会总有某种理由要在一起生活，男人和女人也常常才有理由要在一起生活。

注十三：关于语言形成的利与弊，是应当从哲学上进行反省的，但我极力避免介入这种反省。因为人们不允许我去抨击常见的错误，有学问的人过于坚持自己的偏见，容不得我的那些所谓悖论。有些人竟也持有与众不同的意见，却没有人对他们横加指责，那么我们就让他们来发表意见吧。

如果人们能消除这么多语言混在一起的祸患，如果人们只学会一种表达手段，即如果人们能够永远用示意动作和手势进行表达，那么人类的幸福就完美无缺了。但是实际上，事物的发展却不是如此，我们通常认为愚不可及的动物，在这方面情况也比我们好得多，因为它们不需要语言媒介就能比任何人，尤其是比使用外国语言的人，更迅速也许还更确切地表达它们的感觉和思想。[222]

注十四：柏拉图曾经证明，离散[223]量及其相互关系的概念对微不足道的技术也是非常必要的，因此他有理由讥讽当时的一些著作者，因为他们断言数是巴拉麦德在特洛伊之围时发明的。这位哲学家说，在这些人看来，好像那时候阿伽门农还不知道自己有多少步兵。实际上，我们认为，社会和技术发展到发生特洛伊之围的那个时代，人们不可能还没有使用数和计算的方法。但在获得其他知识以前，认识数的必要性并不能使数的发明更容易些。数的名称一旦被人认识，解释其含义，产生这些名称所表达的概念就都很容易了。但是要发明这些名称，人们必须在设想概念之前，就已经习惯于哲学上的沉思，就已经能够熟练地根据存在的本质，而不是根据其他一切概念来考虑存在。这种抽象十分劳心费神，非常玄奥难懂，也很少合乎情理，但如果没有这种抽象，这些概念就永远不能从一类人传到另一类人，或从一个种族传到另一个种族，数也就不会普及开来。一个野蛮人能够分别考虑他的左腿和右腿，或者以一双腿这个整体概念把它们一起看待，从未想到他有两条腿。因为向我们描述物体的表象性概念和确定物体的数的概念不是一回事。他的计算还不能达到五，虽然他把两手叠合起来就能发现手指恰好一一对应，但他远远未能想到，它们在数量上是相等的，他对手指的数目不比对头发的数目知道得更清楚。等他弄懂什么是数，如果有人告诉他，脚趾与手指一样多，他比较一下会十分惊奇地发现此话不假。

注十五：不应把自尊心和自爱心[224]混为一谈，这两种情感在本质上和产生的效果上都有很大差别。自爱心是一种本能的意识，驱使每个动物去关心自我保护。而在人身上，这种意识受到理性控制，并受怜悯的节制，产生人道和美德。自尊心是一种相对的人为的意识，产生于社会。这种意识驱使每个社会个体把自己看得比其他一切人都重要，驱使人们去损人利己，而它也是荣誉感的真正来源。

明白了这一点之后，我还要说，在人类的原始状态下，在真正的自然状态下，自尊意识是不存在的。因为每个人都把自己看成是唯一观察他自己的人，是对他关心的这个世界上的唯一存在，是他自己功绩的唯一评判人。他的头脑中不可能产生自尊意识，因为这种意识是由比较产生的，而他尚不能够进行这种比较。同样的道理，此人也不会有仇恨或复仇的欲望，因为这种情感只产生于对所受某种触犯的评判，由于构成触犯的只是蔑视的态度和伤害的意图，而不是伤害本身，因此那些既不知道互相评价，又不知道互相比较的人，为了某种利益互相之间可能会发生许多暴力行为，但从来不会互相触犯。总之，每个人都几乎只把同类当成另一种动物，可能会从弱者手中抢夺猎物，或者把自己的猎物让给强者，但是，他只把这种抢夺行为当成合乎情理的事情，没有一点儿傲慢或怨恨的情绪，而且除了事情结局的好坏引起的喜悦和痛苦外，没有别的情感。

注十六：这是一件极其值得注意的事情，即这么多年来，欧洲人不厌其烦地引导世界各地的野蛮人按照他们的方式生活，也许一次都未成功，甚至利用基督教也做不到。我们的传教士偶尔确实能培养出一些基督徒，但绝不是文明人。他们对接受我们的风俗习惯、采取我们的生活方式所怀的极端厌恶情绪，是丝毫无法消除的。如果这些可怜的野蛮人真像人们所说的那样不幸，那么他们的判断能力究竟差到何等难以置信的地步，竟然始终拒绝学我们的样子，使自己文明开化起来，或者学会和我们一起过幸福生活？而我们却在许多书中读到过，一些法国人，还有其他欧洲人，心甘情愿地遁迹于这些野蛮民族之中，在那里度过他们的整个一生，再也离不了那么奇特的生活方式。人们还看到，甚至一些见多识广的传教士也怀着同情之心，怀念他们在那样卑贱的民族中度过的安宁而淳朴的日子！如果有人回答说，野蛮人没有足够的智力来评判他们的状态和我们的状态孰优孰劣，我会反驳他，对幸福的评价，并不涉及理性的问题，而是涉及情感的问题。况且这种回答也能更有力地驳倒他们自己，因为要说野蛮人的观念远未达到我们这种思想境界，能够理解我们的生活方式，那么我们的观念就更没有达到野蛮人那种思想境界，能够从他们的生活方式中发现乐趣。实际上，人们经过一些观察很容易发现，我们所做的一切只有两个目的：一是使自己生活舒适安逸；二是要得到别人尊重。而一个野蛮人在森林里生活，或者以打鱼为生，间或还吹着一支粗劣的笛子，永远吹不出一个调调，也不想去学会它，他的那种乐趣，我们如何想象得出？

人们曾经多次把野蛮人带入巴黎、伦敦和其他城市。人们急不可耐地向他们炫耀我们的奢侈豪华、我们的财富以及我们的最实用最新奇的艺术。但所有这些都从未引起他们的愚蠢的赞叹，他们也不露出一点儿贪婪的神情。我想起其中一个故事。约莫三十年前，北美某个部落酋长被带入英格兰宫廷。人们把数不清的物品放在他面前，让他挑选一件他中意的东西作为礼物，他却似乎对什么都不动心。我们的兵器他嫌太笨重，使用不方便；我们的皮鞋他嫌穿了脚疼；我们的衣服他穿着也觉得不舒服……他样样都不喜欢。最后人们发现他把一床毛毯披在肩上，显得有点儿高兴。人们立即对他说："你至少承认这件东西有用吧？"他回答说："是的，我看抵得上一块兽皮。"如果两者都拿去挡雨，他恐怕连这句话也不会说。

　　也许有人会对我说，每个人依恋他的生活方式是习惯造成的，因此野蛮人感受不到我们的生活方式的好处，也是他们的生活习惯所致。按照这种观点，使野蛮人依恋其贫困状态的习惯势力就要比使欧洲人耽于享乐的习惯势力强，这至少应该说是非常奇怪的。但是要对这后一种说法做出不容置辩的回答，不必说人们企图使之文明化的所有年轻野蛮人，也不须说丹麦人试图培养那些格陵兰岛和冰岛的土著居民（悲哀和绝望使这些人都死去了，他们或者由于忧郁而死，或者因试图泅海回到他们的故土而丧生），我只需举一个证据确凿的例子，让那些欧洲文明的歌颂者去评判吧。

好望角的荷兰传教士们的全部努力也未能使一个霍屯督人皈依基督教。好望角总督范·德·斯岱尔曾收养了一个霍屯督人小孩，叫人按基督教的道德准则和欧洲的风俗习惯来培养他。人们给他穿华丽的服装，教他学几种语言。人们对他的教育成效显著，进步很大。总督希望提高他的智力，派他和一位专员到印度去。这位专员很器重他，让他参与公司的事务。专员死后，他回到好望角。回来后没几天，他在探望几个霍屯督人同胞后，就决定脱去欧洲人的装束，重新披上羊皮。他换上这身新打扮返回总督府，背着一个包袱，里面装着他以前的那身服装。他把它们交给总督时，说了下面一段话："先生，劳您驾注意了，我再也不穿这种服装了，我再也不信基督教了。不论生与死，我都要严守我的祖先的宗教、规矩和风俗。我求您的唯一恩惠就是把我佩戴的项圈和大刀留给我。为了表示对您的爱，我要保存这两样东西。"不等范·德·斯岱尔回答，他立即逃走了，人们在好望角再也见不着他了。（《旅行纪实集》，第5卷，175页）

注十七：有人可能要反驳我说，如果对人们的散居不限制，那就散居得了，不要老是在一起互相残杀。但是，首先至少存在着世界面积的限制。如果人们想到，自然状态会产生过量人口，那么就能断定，在这种状态下，地球上到处都将挤满了人，因此他们就不得不实行群居。此外，如果灾难发生得迅速，如果变化就在一两天内发生，他们是可以散居的。然而，他们生来就套着枷锁，即使他们感到枷锁沉重，也已习惯于戴着它生活，只是在等候机会摆脱它。最后，由于人们已经习惯于迫使他们实行群居的无数便利条件，散居就不像在原始时代那样容易了。在原始时代，人人只需要他自己，各人有各人的主意，无须等待他人同意。

注十八：德·维拉尔元帅讲过这样一件事：在一次战役中，一个军粮经办人过分的诈骗行为使军队深受其害，怨声载道。元帅严厉训斥这个经办人，威胁要绞死他。可是这个骗子竟肆无忌惮地回答道："这种威胁吓不了我，我很高兴地告诉你，人们不会绞死一个拥有十万银币的人。"元帅天真地补充道："我也不知道这是怎么回事，尽管他应该被绞死上百回了，可就是没有被绞死。"

注十九：赏罚公平即使能在文明社会中得以实行，也与自然状态的严格平等截然不同。由于国家的所有成员向国家提供的服务必须与其才能和力量相称，因此公民也应当按其功绩受到褒奖和优待。[225] 在这一点上应该听听伊索克拉底[226]是怎样说的。他称赞雅典人很早就清楚地知道以下两种公平分配方法哪种最合理：其中一种是不加区别地把利益平均分配给全体公民，另一种是按各人的功绩来分配。这位演说家接着说道：这些精明的政治家，破除了那种不分善人和恶人的不公平的平等，同时还始终不渝地坚持按各人的功罪进行赏罚的平等。然而我必须指出，首先，从未存在这种社会，人们堕落到对善人和恶人不做任何区分的地步；其次，在道德问题上，法律也确定不了足够精确的测定标准，作为判定准则提供给行政官。因此，为了不使公民的社会地位或等级由他随意决定，法律禁止他对人的善恶进行评判，而只让他对行为的善恶进行评判，这一点是非常明智的。只有如古罗马人那样纯正的品行，才能经得起监察官的监察；而假如现在有这种裁判所，则很快就会使天下大乱。善人与恶人的区分要看公众的评价。行政官只是严格的法律的评判者，而人民才是真正的道德品行的评判者：他们清廉正直，甚至在这一点上富有评价能力，人们偶尔能愚弄他们，却从不能对他们进行贿赂。公民的地位应当根据他们向国家提供的实际服务来确定，因为这才可能是比较正确的评价；而不应当根据他们个人的功过来确定，因为这可能为行政官几乎专断地援用法律提供理由。

注释

1 这篇献词是献给日内瓦国民议会的，即献给全体公民的。但实际权力由二十五人的小议会掌握，他们怀疑本文别有用心，遂在《爱弥儿》出版后对卢梭进行报复。

2 这幅日内瓦共和国的图画完全是理想化的。在这个时期，卢梭不知道，或者更确切地说，佯装不知道日内瓦共和国的实际性质。他向日内瓦政府展现了这幅理想的图画，而日内瓦政府误解了卢梭的忠言。我们在《山中书简》第七篇中看到卢梭对日内瓦公民的评价："他们是专制权力的奴隶，毫无保障地听凭这二十五个专制者摆布，雅典人至少还有三十个专制者呢。"参见《忏悔录》，第3章，835页。

3 这里已经存在的对代议制的批判的萌芽，后来在《社会契约论》中得到发挥。

4 卢梭怀疑哲学家们是世界主义者，指责他们蔑视本族人民。"不要相信这些世界主义者，他们只会在书本里探究他们不屑于履行的身边的义务。这种哲学家爱鞑靼人，为的是不想爱周围的人。"参见《爱弥儿》，第1章，249页。

5 卢梭在此肯定了主权在民的原则，而且他在撰写这篇论文很早以前就声称自己是个共和主义者。在1750年1月30日给伏尔泰的信中可以看到这句话："即使他们已经把我当作共和主义者，但你们对'共和主义者'并没有做出正确的评判。我热爱自由，也憎恶统治和奴役。"

6 抨击专制君主制。

7 指教皇。

8 具有革命思想的卢梭，却从个人角度上多次表现出对革命的畏惧："当人们在1737年拿起武器时，我在日内瓦看到，父亲和儿子手执武器从同一间房子里走出来，父亲到市政厅，儿子到他自己的营地，而他们明明知道两个小时后肯定要重新相见，互相残杀。这个可怕的景象给我留下十分强烈的印象，以至我要发誓，如果我能恢复公民权利，我绝不加入任何内战，绝不在国内用武力来支持自由。我自己不这样做，也不赞成别人这样做。"参见《忏悔录》，第5章，216页。

9　卢梭经常强调这个必要性：一个治理得很好的国家只要少量的法律。他认为法律繁多是世风堕落的迹象。他的思想充满了对古代共和国的回忆，而他正是通过这些回忆来看待日内瓦共和国的。

10　实际上，他的父亲很快就放弃了对他的照料。

11　在日内瓦，人从上到下分为四级：公民、市民、当地人、居民。最低一级没有任何政治权利，他们只能在日内瓦居留和工作。让-雅克的父亲是个公民，但只是个"低等"公民，因为实权在"高等"公民手中，即在贵族寡头政治集团手中。

12　这里显示出这篇献词的深刻意义。卢梭的共和国理想就是针对他在当时法国的所见所闻而形成的。在旧制度的法国，人们确实对民众抱着一种"十分卑劣、十分错误的观念"。

13　在《社会契约论》中，卢梭详细阐述了这里提出的真正基督教与爱国主义不相容的观点："基督教是一种纯精神的宗教，唯独关心天上的事情，基督徒的祖国不在这个世界上。他确实也尽义务，但是他对其操心的结局好坏并不十分关心。只要他自己没有什么可被指责的，人世间的一切是好是坏，对他来说都无关紧要。如果国家繁荣强盛，他几乎不敢分享公共的幸福，他害怕为国家的荣耀而自豪；如果国家衰败，他就感激给他的人民降下灾祸的上帝之手。"在这里，他却把日内瓦的教士们排除在外。

14　讥讽天主教会。

15　指加尔文创办的学院。

16　这里他和伏尔泰及百科全书派一样，强烈反对宗教狂热所犯下的罪行，尤其是宗教裁判所的罪行。

17 从文学角度看，这篇献词不是卢梭的最好作品。文笔繁冗别扭，卢梭没有伏尔泰那种写应时祝词的艺术，这一点他自己也是十分清楚的。

18 这句箴言是"认识你自己"。

19 格劳库斯，海神。柏拉图在《理想国》中，将人的灵魂比作格劳库斯。灵魂与肉体结合后，变得面目全非，以至人们再也认不出其不朽的本质了。人们看到，卢梭采用这个比喻时，赋予灵魂的是一种完全不同的含义。

20 卢梭在肯定人们生来平等时，意识到这不过是陈词滥调。实际上自然权利法学家们在这一点上是一致的。

21 "也许根本就没有存在过"这句话曾引起所有注释者的注意。它确实令人惊讶。参见本书《论文介绍》。

22 当卢梭谈及"当代的"亚里士多德们和普林尼们时，可能想到了莫柏杜依。他的著作刚刚于 1751 年出版。他在《关于科学进步的信》第 17 节《形而上学的实验》中，也提出了这种实验。"两三个儿童，从小在一起长大，不与其他任何人交往，他们肯定也会创造出一种语言，不管这种语言多么有限……为了完成这种实验，必须创立几个这样的社会，并且要由不同民族的儿童组成，尤其必须避免这些儿童学习其他语言……这种实验……可以让我们对于观念本身的起源获得一些完全不同的知识。在过去的这么多世纪中，尽管一些杰出人物做出了很大努力，我们在形而上学方面的知识还是丝毫没有取得进步。看来如果要在大自然中使这些知识能取得某种进步，就只有靠这种奇特的新方法。"在那个世纪里，经常有人呼吁进行这种观察。这从洛克（《人类知性论》，科斯特译，第 1 卷，第 3 章，第 11 节）、马里沃（《争论》，1744 年）、孟德斯鸠（《我的思想》，七星版，第 1 卷）、布封（《博物学》，第 6 卷，1752 年，277～279 页）等人的著作中都能看到。

23 参见本书《论文介绍》。

24 尤其是普芬道夫《自然和人的权利》，第 2 卷，第 2 章，第 2 节；还有巴尔贝拉克对普芬道夫著作的评注。

25 在这里，我们可以看出卢梭要胜过其自然法学的老前辈。卢梭在指出法的概念只是很晚才在社会中产生的同时，力求写出人类及其理性发展的真实过程。人的理性并不是生来就有的，而是逐渐发展形成的。这是辩证法的进步。

26 这就是等于向第戎学院的院士们说，"它是否为自然法所许可"这样的提法不妥。这是卢梭文章不能获奖的又一原因。

27 卢梭的心理学受孔狄亚克的感觉论影响。他认为精神的复杂"活动"可以通过分析归结为一些比较简单的活动。感性是一切精神活动的基础。人在变成理性生灵之前，先是感性生灵。卢梭在此没有否认自然法的存在，但试图把它建立在"先于理性存在的两种本性"上，即建立在自爱心和怜悯上。因此，是人的感性在服从自然法。

28 这是与这些哲学家相对立的主要观点之一。在卢梭留在日内瓦的手稿中，有《社会契约论》的初稿，其中就含有对《百科全书》"自然法"条目的辩驳内容。在这一条目中，狄德罗指出自然人是一种有社会性的动物。参见狄德罗《文选》，第2卷，人民经典丛书，162页。

29 这是卢梭民主思想的源泉。这些哲学家在把精神生活建立在理性基础上面时，似乎把没有文化的民众排除在外；卢梭则把精神生活建立在感性基础上，感性人人都有，不分贵贱。

30 这是卢梭全部思想的出发点。

31 这不是出于谨慎而不得不写的套语。卢梭认为大自然就表达了神的意志。

32 波尔斯：《讽刺诗》。

33 格劳秀斯：《论战争与和平的权利》。

34 普芬道夫：《自然法与国际法》，第1卷，第4篇，第4章。另参见洛克《政府论》，第1章。

35 霍布斯：《论公民》。

202

36 这一整段文章应当说是卢梭出于谨慎而写的。像"人类的始祖亚当，在从上帝那里得到了智慧和训诫时……"这种断言，与卢梭的思想大相径庭，不可认真看待。此外，卢梭由于力图把他的宗教建立在理性和道德意识的基础上，始终不承认神启，尽管他在《福音书》中发现了一些神圣的事物。

37 这句话曾经使注释者耗费了许多笔墨，而且耗费也是值得的。根据通常的解释，卢梭此时想到的是《圣经·创世纪》中的故事。这里仍然是出于谨慎的考虑。根据卢梭将这句话放在论文中的位置，我们认为这种说法有几分理由，它像是从前面几行中得出的结论："因此，首先让我们把……撇在一边……"

但是仅仅这样说还不够。从卢梭尤其是在其论文附注中所做的有关人种志方面的研究来看，他肯定通过想象把他在社会人身上找到的所有社会属性统统剥掉，得到一个抽象的概念，即自然人，这种人任何旅行家都未曾描述过。这就是他说这些事实都与问题毫不相干的原因。他实际上是要指出，一切社会制度都是偶然建立起来的。

38 意指布封。

39 百科全书派惯用的论辩技巧，在此很明显。

40 加尔西顿的色诺克拉底（公元前396—前314），柏拉图的门徒。

41 在卢梭的著作中，自然这一概念包含了许多不同的内容。此处，这个词似乎有非常主观的意义，这就是卢梭从他自己身上剥去所有社会属性后发现的东西。卢梭为了撰写这篇论文到圣日耳曼森林去沉思冥想（参见《论文介绍》），就是在那里，他认为他发现了太古时代的景象。他的幻想立即就由后面的句子表现出来。

42 在此处，他避免采取物种进化论假说的立场。狄德罗与之相比，在这方面更为坚定。参见《论自然的解释》，载于《文选》，第2卷，人民经典丛书，45～47页。

43　他不掩饰他的描述的直观性质。

44　此处隐约表露出自然选择的观点。

45　霍布斯：《论公民》《利维坦》。

46　孟德斯鸠：《论法的精神》。

47　坎伯兰德（1631—1718），英国圣公会主教，《论自然法》的作者。《论自然法》由巴尔贝拉克译出（阿姆斯特丹，1744）。他是霍布斯的论敌，他用万物性善说来反驳霍布斯。卢梭读过此书，但他的思想未受其影响。至于普芬道夫，参见《自然和人的权利》，第1章，第1—2节。

48　参见弗朗索瓦·科雷尔《西印度群岛游记》（1722年从西班牙文译出）。《旅行纪实集》第13卷（1757）对此进行了概述。从"这大概就是"到"被野兽吃掉"这一段是1782年加上的。

49　卢梭身体有病，经常求医。《忏悔录》中有好几处提到这一点。

50　这成了一句名言。卢梭在此反驳《百科全书》"自然法"条目中的一句话："不愿思考的人，即抛弃人的这一品质，应当被看作是失去自然属性的动物。"伏尔泰、格里姆，还有一些人都在这段文字中看出卢梭的反理性主义的主张。但是，应该注意到，卢梭意识到他的悖论，因此他说"我就几乎敢断言"。他只是要指出，社会随着理性的发展，也发展了人的各种生理上的痛苦，给人类招致不幸。这是进步的反面。如果由此推断卢梭反对反省和沉思，那是错误的。

51　波达利尔和马加翁，阿斯克莱匹奥的两个儿子，在特洛伊前线的希腊军队中当医生。参见柏拉图《理想国》，405～406页。

52　赛尔斯，奥古斯都时代的罗马医生，著有《论医学》。自"赛尔斯"至本段末尾是1782年加上的。

53　从"这里也有一些例外"开始至这里的几句话是在1782年中第一次出现的。让·德·拉埃特，荷兰地理学家、博物学家和哲学家，著有一部《新世界，或西印度群岛记事》（1625），1750年译成法文。参见这一版本的第 143 页。科雷尔著作见其《西印度群岛游记》，第 1 卷，1722 年，85 页。这里谈及的动物大概就是负鼠，有袋类动物亚目的哺乳动物，如袋鼠，但它生活在美洲。

54 参见本书 104 页。

55 18 世纪流行的观念，笛卡儿首创。

56 卢梭不承认笛卡儿所称的理性与感觉之间的对立。本段受感觉论的启发。

57 感觉论认为一切思想活动都来源于感觉，即外部世界对我们感官的作用，因此这是可能通向唯物主义的一种学说。"物理学……解释感觉的机理和概念的形成"是 18 世纪机械唯物主义很有代表性的一句话，但卢梭的思想同时又具有关于灵魂与肉体的唯物主义特征，与本能相对立的自由的形而上学概念。

58 这是整篇论文的关键词，参见《论文介绍》中引用的恩格斯的阐释。就是这个概念使卢梭能够描述人类的发展史，而孔狄亚克只不过描述了人类个体的发展史。在这个时期，这也许是卢梭创造的一个新词。

　　格里姆《文学通信》（1755 年 2 月）也用完善化能力来定义人："这种完善化状态是否就是人的一种独有的优势和实际的福分，而兽类出生伊始就达到它们所能达到的完善化程度是否反而更加好呢？虽然兽类不需要再进化，但从另一方面看，它们也有这样一个优点，即它们不会退化，并且能通过顺从大自然来完成它们的天职。这是一个颇有意思的重要问题。"（由亚当先生引自《文学通信》）格里姆很有可能在卢梭发表这篇论文之前就已经知道了他的这些论断。

59 引自弗朗索瓦·科雷尔《西印度群岛游记》，第 1 章，260～261 页。

60 关于情感的作用，参见狄德罗《文选》，第 1 卷，《哲学思想录》，人民经典丛书，巴黎，社会出版社。还可以参见孔狄亚克《感觉论》，第 4 卷，第 9 章，第 3 节："是苦与乐的比较，即我们的需要在训练我们的能力。"孔狄亚克还指出了人的知性是怎样反过来对人的需要起作用的："人的最初的观念只是苦与乐；不久，其他观念相继而来，然后产生一些比较，由这些比较产生了人的最初的欲望；人们为了满足这些需要和欲望而进行的追求，又使人获得一些观念，这些观念又产生新的欲望……这就形成了一根链条，以观念和欲望为环节，环环相套。"（《感觉论》，第1卷，第7章，第3节）卢梭这里说的伦理学家是基督教伦理学家。

61　人的知性归根结底是在需要的影响下开发的，并同时反作用于需要，因此是人的实践活动使得人的知性开发。这是唯物主义的观点，同时也是辩证法的极好例证。但是不要忘记，卢梭思考的是一个形而上学的抽象概念，即孤立的人。与此相反，马克思主义认为，是人的社会实践开发了人的知性。

62　事实根据与抽象分析相比起次要作用。

63　此观念自孟德斯鸠起开始流行。

64　参见迪泰尔特神甫在《安的列斯群岛纪实》中记叙的逸事（1667年新版，第5部，第1章和第5章）。

65　卢梭表达了这种观念，即没有土地私有制的出现，农业的出现是不可想象的。他只考虑到在自然状态中的孤立的个人，因此不能设想在历史上出现私有制很久以前存在过土地的共有形式。

66　这是18世纪人们最常辩论的问题之一。参见孔狄亚克（《论人类认识的起源》，第2部，第1篇），莫柏杜依（《关于人类的起源和词义的哲学思考》，1748年），还有狄德罗（《关于聋哑人的书简》，载于《全集》，第4卷，巴黎，舒耶出版社，1978年）以及博斯的修道院院长、法院院长布罗斯的著作。

　　卢梭本人也写了一篇《论语言的起源》。关于这篇文章的日期人们争论不休。但据卢梭自己说："它起先只是《论人类不平等的起源和基础》文中的一部分，由于太长和离题，我把它删掉了。"此文是在卢梭死后的1781年才发表的，但它的完成早于《论人类不平等的起源和基础》，而且，其主要论点也已被吸收进《论人类不平等的起源和基础》中了。

67 参见孔狄亚克《论人类认识的起源》："这对夫妇有了一个小孩。小孩在需要什么东西又难以表达出来时，急得骚动不安，他的极为灵活的舌头卷了起来，发出一个全新的词音……他的父母惊奇之中终于明白他想要的东西，于是一边试着重复这个词音，一边把那件东西递给他。从他们发那个音时那种困难的样子来看，他们自己是决计发明不了这个词的。"

68 孔狄亚克提出同样的难题（《论人类认识的起源》）："需要进行多少思考才能形成语言，而这些语言对思考又有多大帮助呢？……事情似乎是这样的：如果人们不能经过充分的思考来选择人为的符号，并把它们与一些概念联系起来，他们是不会使用这些符号的；那么，思考又怎么只有通过运用这些符号才能得以进行呢？"孔狄亚克接着把语言分成本能的语言和思考的语言两种，从而解决了这个难题。

69 从这个词可以看出，卢梭没有笼统地反对一切文明成果。

70 参见孔狄亚克《论人类认识的起源》：存在一些"天然语言符号，即由本能发出的喜悦、害怕、痛苦这些情感的叫声"。但是孔狄亚克认为，这个可以解释语言的起源；而卢梭认为，"天然发出的叫声"被一个似乎不可逾越的障碍排除在约定的语言之外。

71 孔狄亚克认为是儿童创造了词，因为他们的发音器官比较灵活。有音节的语言就是这样渐渐地形成的。但是卢梭却假设存在一种约定，这就造成了一种不可克服的困难。由此引出句子的结尾一句话，其中使人想起了卢克莱修的话（《物性论》，V，1027—1045）。普芬道夫引述卢克莱修的话，求助于语言的发明中神助的假说。而卢梭没有找到其他可能的答案。

72 这个观点在莫柏杜依的著作《关于人类用来表达思想的各种方法的论述》中出现过。参见《莫柏杜依全集》，第2卷，里昂，1756年，444页。

73 1755年版为"专有名词，不定式"。

74 孔狄亚克的著作《论人类认识的起源》也有同样的观点。

75 参见孔狄亚克《论人类认识的起源》。关于这个问题，还可参见狄德罗《关于聋哑人的书简》。对于不定式，狄德罗的看法大致相同；而对于形容词，他与卢梭的意见相左。

76 从"因为人对这两棵树最初的概念是"到"它们的共性"是 1782 年加上的。

77 孔狄亚克意见相反，他认为人们从未为每个具体的物体赋予一个词，卢梭所说的困难言过其实。

78 这种一般概念的唯名论理论是受洛克的启发。参见《人类知性论》："头脑中最初的概念是一些具体事物的概念，对这些具体事物的理解不知不觉渐渐上升为为数不多的一般概念，这些概念是为最常见的感觉的客体而形成的，因此它们以人们用来标识它们的一般名称确立在人的头脑中。"

词与概念的结合在卢梭那里，比在洛克甚至是孔狄亚克那里更加紧密。按照孔狄亚克的说法，词不过是概念的符号："就像事物的性质不能在我们身外脱离它们所结合的主体同时存在一样，事物的概念也不能脱离它们所结合的符号在我们的头脑中存在。"（《论人类认识的起源》）。

79 不定过去时，希腊语的动词时态，大致相当于法语的简单过去时。

80 卢梭的第一个假说——孤独的野蛮人，使语言的起源变得神秘莫测。他在《论语言的起源》中，求助于示意动作和叫声来说明语言最初的雏形。

卢梭把原始人设想为一个个孤立的个体，结果使语言的起源无从得到解释。这里他以这种不可能性为依据来证明自然人是孤独的。

古代的亚里士多德、西塞罗和斯多葛学派，近代的普芬道夫、后来的巴尔贝拉克，都曾经主张人的社会性理论。百科全书派（狄德罗、若古尔）也接受了这种理论。卢梭否认自然状态下人有社会性，因为产生社会性的各种需要在自然状态下是不存在的。

81 尤其是霍布斯认为，人在自然状态下是痛苦的。卢梭总的倾向是按照霍布斯描述自然状态的方法来描述社会状态。后面的一整段文字十分精彩。

82 "潜在"一词对透彻理解卢梭的思想至关重要。在《萨瓦堂区助理司铎的信仰自白》中，他承认人的社会性是一种天赋的意识，但这只是一种潜在的意识。"人是天生喜欢社交的，或者说至少生来就有这种倾向。"由于具有完善化能力，人可以根据自己的需要来发展自身的潜在能力。

83 基本的区别是自然人是善的，受社会契约约束的公民可能是讲道德的人。卢梭的思想在人性本善的理想和公民美德的崇高道德理想之间摇摆。

84 我们可以注意到，卢梭在描绘自然状态，并把它与他所处时代的社会状态相比较时，他的雄辩会变得更加热情奔放。这里，卢梭对一切人剥削人的现象提出了愤怒的抗议。

85 卢梭接受了霍布斯"大自然赋予每个人对一切东西的权利"这一原理，但摒弃了霍布斯由此得出的结论，即永不休止的战争状态。他认为，处在自然状态的人的欲望超不出他的需要。

86 原文为拉丁文。卢梭从格劳秀斯的《战争与和平法》得到这句引语。

87 由此到下文的 113 页 "只有靠人们讲道理才能实现，那么人类早就不成其为人类了"这一整段文字被录入了《狄德罗全集》(阿塞扎·图尔诺编，第 4 卷，101 页)。把这一段归属于狄德罗是基于《忏悔录》(第 8 章，389 页) 中的一段话。卢梭在谈到他的论文时说："与我的所有其他著作比起来，这篇作品更合狄德罗的口味，而他为此提出的建议对我也最为有益。"卢梭又加注解说："我在写这话时，对狄德罗和格里姆的大阴谋还不曾有任何疑心；否则我就很容易看出狄德罗如何滥用了我对他的信任，让我的文章产生了这种沉闷的笔调和阴暗的气氛。当他不再指导我写作时，这种笔调和气氛就不复存在了。描写一个哲学家面对一个受难者的呻吟，捂住自己的耳朵，并替自己辩解的这一段，就是照狄德罗的手法写的。他还向我提供了更骇人的素材，我都未能下决心使用。"

说这么一大段文章都是出自狄德罗的笔下似乎太过分了些。怜悯先于思考而存在的理论，在卢梭的思想中起了十分重要的作用，这使我们不能不赞同他就是这种理论的创始人的说法。而且在《纳尔西斯》剧本的序言里，我们也能找到关于哲学家感情冷漠的描写。而在这里，从"就像嗜血成性的苏拉"到尤维纳尔的引文这一段文字，只是在 1782 年的版本中出现，因此无论如何不能归于狄德罗。

事情似乎是这样：这两位哲学家经常就这些思想进行辩论，多年里他们的关系一直非常亲密，以至很难分辨分属两人的思想。

88　后文证实，卢梭指的是曼德维尔。他是荷兰医生，定居英格兰，因《蜜蜂的寓言》（1705），即《嗡嗡的蜜蜂群，或骗子成了有教养的人》而闻名。曼德维尔对伦理学家关于美德与幸福相关联的观点不以为然。他借助这个寓言表明：是个人的邪恶造成了社会的繁荣，而美德带来的是毁灭。此举引起公愤，人们对这个寓言群起而攻之。这篇作品最重要的意义在于，它力图把伦理学与那种后来成为政治经济学的东西区分开来。

89　《蜜蜂的寓言》（英译本），伦敦，1740 年。

90　参见蒙田《随笔集》，第 2 卷开头的一段。亚历山大，菲尔城的暴君，曾活埋敌人，或将敌人扔给野兽吃。

91　《尤维纳尔诗集》。从"就像嗜血成性的苏拉"起一直到这里的这一段文字，是 1782 年的版本加上的，引自《致达朗伯的信》。

92　精神生活中先于理性存在的两种情感要素（自爱心和怜悯），在本质上似乎不同，但卢梭不绝对否认它们的性质可能相同。在《爱弥儿》一书中，他使两者联系更为紧密，他认为怜悯就出于自爱心。"即使同情心确实……"这段话，是拉罗什富科说的（《道德箴言录》）。卢梭在华伦夫人那里读过他的书（参见《忏悔录》，112 页）。

93　自爱心是自然情感，而自尊心是在社会中发展起来的，卢梭把两者区分开。参见注十五。

94　"贱民、群氓"是卢梭所指责的哲学家们所用的一些贬义词。他本人是不用这些词的。他用这些词是为了让民众的宽宏大量与上等阶级的自私自利形成更加鲜明的对比。

怜悯理论像是用来说明人民的卓越品质的一种解释。卢梭这里表现的思想是独创的。为了驳斥霍布斯的自然人任凭其情感支配这种说法，法学家们（如普芬道夫）阐明，即使在自然状态下，理性本身也具有足够的力量来克服情感。卢梭和狄德罗一样相信情感的力量，抛弃了这种唯理论的观点，同时把精神生活建立在他认为更大众化的情感要素上。他确实不像笛卡儿那样，认为理性是世界上天赋条件最好的东西，而是认为人一般是富有同情心的生灵。人的精神生活就是建立在这种同情心上。但理性的出现反过来丰富了精神生活，并培养了社会美德。

不管虚构一个替自己辩解的哲学家是不是受到狄德罗的暗示，无论如何，卢梭对这段文章的某些过分之处是感到遗憾的。

95　《马太福音》，7.12，以及《路加福音》，6.31。

96　尽管卢梭在《新爱洛绮丝》第 1 部中对根据利益的需要、不考虑人的本性的婚姻对妇女的压迫表示反对，但他的思想并没有超出他所处的时代。我们知道法国大革命也没有提出妇女解放的问题，《民法典》使妇女的低下地位永久化。

97　卢梭无疑是受到了布封这句话的启发："这种情欲只有生理因素是好的。"参见《博物学》。

98　这里经验仍然只用来证实抽象分析。

99　那些想把卢梭说成是基督教思想家的评论家，对这句话感到难以解释。整个这一段言论有力地揭露了 18 世纪贵族社会的腐朽风气。

100　这是针对一些自然权利理论家而言的。

101　这里显示出本篇论文的基本思想：社会不平等及人对人的剥削，都与私有制有关。

102　一个世纪以后，杜林重新拾起已经被卢梭驳得体无完肤的关于暴力的空泛理论。

103 我们在此处发现了本篇论文的薄弱点。卢梭非常精辟地证明了自然状态下的人已完全适应他的生活方式，但人与人之间存在着这么多障碍阻止他们相互接近，这就使我们难以理解卢梭的这个野蛮人是如何变得爱交际的。因此他就求助于"偶然性"，求助于"意外的""可能从未发生的"原因。他也完全觉察出他的理论薄弱之处，这一整页都是辩词。然后他就对这些意外原因一带而过。再往后，他又对这些意外原因做了一些简要说明。他在《论语言的起源》第9、10章中说得更明确：人口不断增长，在贫瘠地区出生的人迁徙到富饶地区，与已经在那里定居的人融合；此外，"人的聚集群居很大程度上是自然灾害的结果，如局部洪水、海水泛滥、火山喷发、大地震、雷击引起的森林大火，所有这些灾害都必定会使居住在某地的野蛮人恐惧而逃散，然后都必定聚集起来，一起补救共同的损失。有关地面灾难的传说在古代发生得非常频繁，这表明上帝在采用哪种方式迫使人类相互接近"。

所有这些外部发生的意外事件都不能使我们了解孤独的野蛮人是怎样习惯于群居生活的。因此，这段文章并没有说服力，卢梭也想略过这个实在无法解决的问题。

104 参见《百科全书》中狄德罗撰写的"轻世哲学家"条目。"他们中间除了'你的''我的'这种不幸的区分后，要消弭一切令人担心的争端并使他们自己获得所能获得的幸福，就容易多了"。(《文选》，第2卷，124页)

还可参见摩莱里《自然法典》，人民经典丛书，72页。卢梭和摩莱里一样认为，私有制的建立是社会的万恶之源。但是他们的一致仅此而已。摩莱里勾勒出共产主义社会的图景；卢梭则认为一切社会都只能建立在私有制上，而且他的梦想也仅限于消除财产的不平等。这一段文章对为私有制竭力辩护的法学家进行了有力的批驳，甚至似乎是对洛克的直率驳斥。参见《政府论》，第7章，主要是第37节。

更出乎意料的是，我们在波舒哀的著作《圣弗朗索瓦·达西兹的颂词》中也发现了类似的思想："如果我们愿意追溯到事物的起源，也许会发现，他们（穷人们）对你们所拥有的财产的权利不比你们小。大自然，或者更确切地用基督教的话说——上帝，人类的共同之父，一开始就让他的所有子民拥有对维持生命所需的一切东西的平等权利。在自然中，我们中的任何人都不能自诩自己高人一等；但是人的漫无止境的贪欲使得人类这种美好的博爱不能长存于世间，于是分配和财产就不可避免地产生了。所有的争端和诉讼均由此而来，从而也就产生了'你的''我的'这些冷酷的词语……"

105 这么说这些人已经过群居生活了，因为孤独的人的任何发明创造都不能传给后代。参见本书 99～101 页。

106 卢梭的心理学观点和霍布斯的很相似，而与法学家们差别很大。霍布斯认为，自然状态下人完全听凭情感的支配，而法学家如普芬道夫则认为理性能够控制情感。但卢梭也指责霍布斯把根源于社会的情感归因于自然状态。

107 这里我们似乎回到了本书 122 页所描述状态之前的状态，对"罕见的情况"缺乏明确说明。关于人类最早的聚集群居，卢梭说得含糊。

108 见本书 104 页。

109 卢梭不借助历史学，仅凭推理就发现：人类的进步起先很缓慢，以后渐渐加快。

110 "一种私有财产"这个概念缺乏明确的阐释。这种说法似乎表明，私有财产只是一种没有法律基础的不确定的事实状态；但不管怎样，正是随着私有财产的出现，人与人之间的冲突才渐渐增多的。

111 卢梭在随后的整个叙述中用最优美的笔调来描述人类的生活。这的确是黄金时代，与孤独的野蛮人相比是一个进步，但这进步里已含有堕落的萌芽。

112 含有伊壁鸠鲁派和斯多葛派多次详细阐述过的伦理学思想。

113 这种巧妙的解释能在一定程度上掩饰前面所指出的论文的不足之处。人是在发生了自然灾变迫使他们不得不一起生活的地方才变得可群居的。但是奇怪的是，卢梭仅仅是在叙述人类最初定居之后才求助于这种假说。语言的起源这个在论文第一部分不求助于上帝似乎就无法解决的问题，现在变得比较容易解决了。本书106～108页提出的进退两难的问题似乎已经被忘掉了。

114 这里有孟德斯鸠的影响。

115 这是辩证法的观点。最温柔的情感，经过强化会转向其反面而变为狂怒。

116 这是针对霍布斯而言的。

117 "损害"的原文是"Injure"，在拉丁文中有不公正的意思，即让他人蒙受损害。这里还表现出私有制在人类历史上所起的重要作用。参见洛克《人类知性论》，第4卷，第3章，第18节。

118 最重要的观点。因此，说只有自然状态下人才最幸福是不正确的，只有刚刚诞生的社会才最像黄金时代。卢梭以后的确也简化了他的论断："这个理论的重要原理是自然使人幸福和善良，而社会使人堕落和不幸。"（《对话录》，第3卷，七星版，934页）卢梭学说之所以后来被人们批评为"过分简单化"，根源首先在他自己。

119 卢梭描述人类历史到这个阶段，就靠从布封的《博物学》和旅行家游记得到的一些资料来进行推论了。

120 卢梭清楚地认识到，归根结底，只有经济上的原因才能解释社会的压迫，政治暴力并非首要原因。

121 活跃的辩证法思想，语句丰富生动，对比鲜明，这些特点使这一段文字当之无愧地成为著名的篇章。

122 为了解释历史而强调了生产力发展的重要性，卢梭这里在按唯物主义方式进行推理。

123 "自然形成"。矿物不是自始即有，而是有一个自然形成的过程，这种观点曾流行于 18 世纪。在肥沃地区，要挖掘土地才能找到矿藏。卢梭竭力夸大文明发展的困难，称大自然已经采取了预防措施，防止秘密暴露。现在人们设想，人类是从火山口喷出的金属想到熔炼矿石的主意的。

124 参见本书 98～99 页。

125 在卢梭看来，劳动分工的出现是一种退步，因为它限制了人原有的独立性。

126 在卢梭以前，关于私有制的起源大体上有两种理论。(一) 格劳秀斯和普芬道夫认为，先有土地的分配或占有，然后按照某种协议，使先占权永久地延续而成为所有权。格劳秀斯承认有过原始共产主义社会。农业的创立导致人们按照协议来分配土地。(二) 洛克以及其后的巴尔贝拉克认为私有制是以劳动为基础的，协议并非必不可少。文中可以看出，卢梭受到了洛克的启发。

127 黛丝摩芙里节，纪念"立法女神"的庆典。希腊人把德墨忒尔 (拉丁名叫塞雷斯) 称为立法者，因为她教会人农业技艺并创立婚姻制度，从而创立了文明社会。

128 也就是说由交换规则产生的不平等。这里在表达上存在一点困难。

129 卢梭思想最重要的主题。保留天然品质的人是真诚的。按"自然"这个词的两层意义之一，他是淳朴的。社会让个人穿上同一式样的装束。这种思想也出现于狄德罗的著作中，《拉摩的侄子》就保留了"他的原本的个性" (参见《拉摩的侄子》，日内瓦，法布尔出版社，1963 年，5 页)。两人的观点都表现出资产阶级的个人主义。

130 这幅在私有制制度下存在的道德败坏的图画，更多的是描绘资产阶级社会，而不是封建社会，因为卢梭提到了"竞争"。

131 由于私有制的出现及由此产生的阶级斗争，人类便从最幸福的状态过渡到最不幸的状态。我们可以看出卢梭的同情心所向，他把富人比作狼。

但是人类从自然状态向社会状态演变不是持续的衰落过程，也存在"还很微弱的正义的呼声"。这在后来即意味着，以后可能要以与自然的原则根本不同的原则为基础建立一种社会秩序，也就是说公正的原则与怜悯的原则是对立的。

132 奥维德：《变形记》，XI，127。

133 这里不再涉及一般私有制的起源，而是大地产的起源，这里的私有权利不再以劳动为基础了，它是由侵占行为产生的。

134 卢梭很清楚地看出，国家即使不像他的《社会契约论》中所想象的那样，至少也像历史上出现过的那样，是一种一个阶级用来反对另一个阶级的制度。他用唯心主义的方法把国家的创立说成是一种协约的产物。但是富人对穷人说的这番话不是没有用意。统治阶级不仅靠暴力统治，而且也靠谎言，并用维护公众利益的幌子来掩盖自己的自私自利的意图。

135 参见《战争状态》（七星版，III，603页）："第一个社会形成了，其他一切社会就必然要跟着产生。人们必须要么加入这个社会，要么结成联盟来反抗它。"因此社会契约不是绝对自由的。

136 现在在这种意义上我们采用"人道主义"的说法。卢梭反对世界主义，因为他认为它与蔑视人民同义（参见前文《致日内瓦共和国》的注释4，见本书199页），但是他赞美的爱国主义也并不是狭隘的沙文主义，它保留了人类大同的意义。

137 卢梭像当时的所有哲学家一样反对战争。

138 对征服权这么精彩的评论是对格劳秀斯和普芬道夫的驳斥。

139 这里表现出卢梭思想的革命倾向。他认为任何改革都不过是妥协，因此应受谴责。为了在理性的基础上重建一切，就必须先摧毁一切。卢梭在政治方面的胆识类似于笛卡儿在哲学方面的胆识，但也表现出他的思想的空想性质，因为他认为，扫除旧世界不是人民的事情，而是一个明智的立法者的事情。

140 如果我们接受卢梭的政治社会是通过契约建立起来的这种唯心主义前提，那么这种说法是对的。但唯物史观认为，由于法律是统治阶级意志的表现，因此没有使法律得以实施的国家权力，法律的存在就不可想象。

141 这是对霍布斯的批判（参见《论文介绍》）。洛克也曾以同样的方式批判霍布斯，参见《政府论》，第7章，第93节。

142 洛克曾用同样的论据驳斥霍布斯。他认为人类组成文明社会只是为了互相确保他们的生命、自由及财产，参见《政府论》，第9章，第123节。

143 参见拉封丹《寓言》中的《老人和驴子》（斯达罗宾斯基在其《论文》编注本1353页的提示）。

144 《图拉真颂词》，第55章。

145 这是1782年版的文句。1755年版的文句是"政治家……哲学家"。

146 自然权利的法学家们，尤其是巴尔贝拉克所拥护的普芬道夫，断言人为了保障生计可以自愿放弃自由，甚至在战争权利产生奴役之前，就已经存在自愿的奴役。我们可以感受到卢梭在批驳这种理论时所带的强烈感情。

147 布拉西达斯，公元前5世纪的斯巴达将军。下面所说的话是根据普鲁塔克的回忆。

148 塔西佗：《历史》，Ⅳ，17。

149 17世纪的某些专制君主制的理论家曾尝试在自然的基础上建立王权。这种权力类同于父亲对子女的权力。主要可参见费尔默（英国人）《家长，或国王的自然权力》（1680）、波舒哀《〈圣经〉中的政治学》（1679—1709）、拉姆塞（英国雅各布斯派）《关于政府的哲学论文》（1719）。

　　洛克的《政府论》上篇就是为驳斥费尔默而作。亦参见《政府论》，第7章，第71节。阿尔格农·锡德尼是一个英国政治家，1683年被处死。他身后遗有几篇批驳费尔默的关于政府的论文（1698），1702年被译成法文。

卢梭在《论政治经济学》中对这种君主主义理论做了更透彻的批判，文中他举出了费尔默的名字。在狄德罗所撰写的《百科全书》"政治权威"条目中，我们也发现了类似的批判。参见《选集》，第2卷，人民经典丛书，164页。

150　试比较波舒哀的言论："王权就是父权，它的特性就是仁慈。"（《〈圣经〉中的政治学》，第2卷，第3条）

151　霍布斯认为：每个个人都与打算组成文明社会的其他个人订立一种契约，依据这个契约，他保证为了第三方（某个人和某团体）的利益而放弃他的自由，条件是每个个人都要这样做。这样，每个臣民都受君主的约束，而君主则不受任何约束。

152　参见《论笃信基督教的王后对西班牙君主国诸邦的权利》（1667），卢梭在巴尔贝拉克的这篇著作里找到这段引文。巴尔贝拉克是赞成普芬道夫而反对霍布斯的。他主张国王本人也要服从国家的基本法。卢梭巧妙地利用路易十四出于外交理由而下令发表的文章（目的在于从法律上做好入侵荷兰的准备）来批驳专制君主制，而路易十四的政策与这里陈述的原则始终是背道而驰的。

153　巴尔贝拉克出于一种奇怪的逻辑，在支持普芬道夫的主张之后（参见下文），又赞成洛克的相反意见（《政府论》，第4章，第23节）。所引用的巴尔贝拉克的这段话只出现在1782年的版本中。卢梭在这一点上完全接受了洛克的理论。他很可能在孟德斯鸠的《论法的精神》中读到这句话："一个自由人可以出卖自由，这是无稽之谈。"

154　卢梭反驳自然权利法学家，在这里重新发现了罗马法的真义。罗马法把出让自由当作一种犯罪行为。

155　这里既驳斥了罗马法学家，也驳斥了格劳秀斯和普芬道夫。自由是人的一种权利，不像罗马那样，只是公民的权利。这段话是18世纪坚持自由主张的人写出的最精彩的文字。

156 人们传统上把公约分为两种：一种是联合契约，个体依据它联合起来组成文明社会；另一种是从属公约，依据这种公约，臣民按照某些条件把权利托付给一个独立的权威，这些条件即基本法。这样，法学家们就从法律上创立了君主立宪制。百科全书派，如狄德罗就在《百科全书》"政治权威"条目中采用了这个理论。霍布斯则是唯一反对这种理论的人（见本书218页注释151）。卢梭在这里站在百科全书派一边反对霍布斯，即站在君主立宪制一边反对专制君主制。但是，从卢梭的措辞上可以看出，他很快就超越了所有这些理论。双重契约是矛盾的，因为它会导致国王与臣民分享主权这种结果。霍布斯的天才之处就在于他认识到，人们不能分享主权而不致危及国家。卢梭立即又同意了霍布斯的见解。他抛弃了从属公约，但他从他的"契约"中导出的不是专制君主制，而是民主制。

本句开头表明卢梭还没有构思完成他的社会契约理论，但已经认为"一般看法"理由不足。

157 卢梭在此表现得犹豫不决，他不敢宣称人民有反抗压迫的权利，而是在这个问题上附和了百科全书派的观点。但是在后面（本书153～155页），他又为人民反抗暴君的起义辩护。卢梭所说的似乎是指社会发展的两个不同的阶段。但是，"全权在握"的行政官们从何时开始离开法的范围，进入后面所述的那种新的自然状态呢？这里没有说明。在日内瓦的手稿（七星版，Ⅲ，304页）中，卢梭说："公民的沉默足以拒绝一个不为大家公认的首脑，公民们要授权与他就一定要说话，一定要充分自由地说话。再说，上面的法学家和其他得了报酬的一些人所说的一切，并不能证明人民没有夺回被剥夺的自由的权利，而只是说这样去做会很危险。这件事情，如果人们知道它所造成的痛苦比失去这种权利的痛苦更大，那就永远不应去做。"——我们看到，他又回到老路上去了。

158 这一段是卢梭出于谨慎而不得不写的吗？在此，卢梭步普芬道夫的后尘承认神权理论并不是不可能的，他并没有把神权当作主权的基础，而只是当作统治的手段。这样就不会像乍一看那样感到惊讶了。卢梭看出他暂时接受的契约论中含有矛盾，即主权分享的危险，而他的辩证法的天才又解决不了这种矛盾，由于不能从从属公约出发得到一种民主的理论，他便逃避到另一个极端，遁入了神权论。此后，随着前提的改变，原先得出的结论也就立即消失了。

159 这个观念意味深长：一个容许人压迫人的民族会随时准备到别处去破坏人家自由的。马克思主义也采纳了这种观念，明确指出："压迫他族人民的民族，自己也不可能是自由的。"（《大俄罗斯民旗的傲慢》，两卷本《列宁选集》，第1卷，莫斯科，外文出版社，1946年，749页）

160 这是他运用活跃的辩证法思想写出的几个杰出片段之一。

161 指当时的贵族。

162 "甚至无须政府介入"这句话是1782年加上的。

163 马克思说，在资本主义制度下，包括良心在内，一切都可以收买。

164 建立国民军的思想在此处提出，后来在法国大革命中付诸实践。

165 《卢坎诗集》，I，376。

166 "谁也别指望从忠贞那里得到什么"，按照沃昂的说法（《让-雅克·卢梭的政治著作》，第2卷，剑桥，1915年），这句话可能是从塔西佗的"谁也不能从良好的秩序中指望什么"（《历史》，I，21）这句话变换而来的。

167 参见本书《论文介绍》中引述恩格斯的话。

168 狄德罗在《百科全书》"政治权威"条目中，以同样的方式为反抗暴君的起义辩护。

169 人文科学提出的问题能在历史中找到答案，这个意味深长的观念后来在马克思主义中得到发展。

170 因此，卢梭的抽象推理常常赶在观察之前。

171　贤明的斯多葛学派通过抑制情感来使灵魂得到安宁。

172　此处"公民"一词的意义和《社会契约论》中的"公民"意义不同。这里是指卢梭所处的文明社会的人。

173　这就是建立在不平等基础上的社会的最大缺陷。自尊心剥夺了他自己的一切。卢梭的全部努力就在于教导人怎样找回自身内在的价值。

174　这里我们又见到论文开头的套语。

175　这个问题无疑提得不妥（参见本书第80～81页），但卢梭还是断然予以否定的回答。仅仅这个漂亮的结尾就足以说明为何作者在第戎学院遭到体面的失败。最后几行文字使我们想起蒙田《随笔集》中的一篇文章《论加尼巴尔人》，其中有这么一段话："他们看到我们当中，有的人拥有享不尽的富贵荣华，而有一半人却成了他们门前的乞丐，穷困潦倒，饥寒交迫。他们觉得奇怪，在这里这些缺吃少穿的人竟能忍受这样的不公平。"但这只是意思相近，卢梭的结论完全是他自己的。

176　伪斯梅尔迪士，波斯祆教僧侣，在冈比西斯死后篡夺王位。参见《希罗多德》，Ⅲ，67～84页。

177　不违反法律。

178　参见布封《论人》中《人的本性》开头的一段。

179　参见《论人类认识的起源》，第1部分，第4篇，第2章，第23节；另参见《感觉论》，第4篇，第7章。

　　　　18世纪的文献中关于被野兽收养而停留在野蛮状态的儿童有很多记载。

180　参见布封《博物学》第1卷中的《土壤理论的证据》，第7条。

181　卢梭有一颗百科全书般的头脑，尤其对科学实验感兴趣。

182　自"这种意见"起至此这一段文字，是1782年加上的。

183　科尔邦，或称科尔布。卢梭在《旅行纪实集》第14卷中找到这些引文。参见科尔邦《霍屯督人部落游记》（1713）和《好望角风情录》（1741）。

184　参见多明我派修士和传教士让·巴蒂斯特·迪泰尔特（1610—1687）《安

的列斯群岛纪实》(1667—1671)第 4 卷。

185　雅克·戈蒂埃·达沃蒂:《博物学评论》(3 卷本),巴黎,1752 ~ 1758 页。

186　《博物学》(12 开本),第 7 卷,巴黎,1753 年,249 页及以后各页。

187　莫柏杜依:《伦理哲学论》,第 3 章,柏林,1749 年。

188　参见《忏悔录》,第 1 部,第 2 章,56 页。卢梭拒绝把名字列在乔治·吉斯元帅大人的遗嘱上,因为他不愿有希望一个朋友死亡的心思。

189　在 1666 年。

190　参见蒙田《随笔集》,第 1 章,第 22 节。

191　卢梭多次对功利主义伦理学的诡辩进行驳斥。参见《对圣皮埃尔神甫的永久和平的评判》,第 3 卷,七星版,第 591 ~ 600 页。

192　这里卢梭的心理受霍布斯的影响。

193　在路易十四时代和 18 世纪,为军队提供军需品是一些金融家的主要财源。大银行家巴利·迪韦尔奈就是靠此发财的。

194　指教皇的唱诗班。

195　从此开始一直到 "毫无缺陷了吗?" 是 1782 年版加上的。

196　雄黄是一种砷化物。

197　在 18 世纪,关于奢侈争论迭起,卢梭彻底批驳了当时最流行的诡辩:富人的奢侈养活了穷人。

198　今天,在我们看来,关于农产品价格的这些观点是幼稚的。但是当时真正科学的政治经济学尚未诞生,而此时人们对这些问题的讨论却很热烈。参见杜阿梅尔·迪·蒙梭《土地耕种论》及《百科全书》中 "魁奈" 的条目等。

199　此处卢梭的思想晦涩难懂。伏尔泰在卢梭给他的样书中的页边批语就是 "混乱难懂的话"。参见 G. R. 黑文斯《伏尔泰对卢梭著作的旁注》,载于《俄亥俄州立大学学报》,1935 年 6 月号,25 页。J. 斯达罗宾斯基(他的编注本,1368 页)认为,卢梭谈到的格言就是上帝禁食 "分辨善恶之树"的果子的禁令（《圣经·创世纪》，2.16～2.17）。

200 在这条附注中包含了论文中的几个精彩片段，注文以十分鲜明的阐释结束。在卢梭看来，问题不是要返回到人的自然状态，而是既然生活在无法脱离的社会之中，就要力求为人类的幸福工作。

201 克特西亚斯，公元前5世纪希腊医生和历史学家，著有关于波斯和印度的著作，现仅存片段。

202 直到18世纪，许多博物学家，包括林奈在内，都认为大类人猿就是森林人。

203 安德鲁·巴特尔，英国水手，著有《安哥拉游记》（1589），载于《旅行纪实集》，第8卷。此处所说的动物大概是大猩猩，在18世纪人们还不能识别它，因为布封也没有提到过。罗安戈位于赤道非洲的西海岸地区。

204 波查斯，英国编纂家，帮助巴特尔编订他的游记。17世纪初发表过四卷游记。

205 达柏，荷兰医生，卒于1690年。他编辑过一套游记，1668—1688年间被译成法文。参见《罗安戈、刚果、安哥拉诸王国风情录》，载于《旅行纪实集》，第8卷。

206 哲罗姆·麦罗拉，意大利传教士，著有《刚果游记》（1692），载于《旅行纪实集》，第8卷。

207 1755年版本为"人们将发现他们就是人"。

208 参见本书159页。

209 孔狄亚克：《论人类认识的起源》，1746年，第1卷，第4章，第23节。

210 我们看到卢梭多么注意民族特征。

211 拉·孔达米讷（1701—1774），法国旅行家，游历过南美。卢梭参考过他的《南美游记》（1745）以及《奉国王之命厄瓜多尔旅行日记》（1751）。莫柏杜依1737年到拉普兰地区测量子午线度数。同时孔达米讷身负同样的科学使命到厄瓜多尔，自1737年开始，他向科学院汇报他的旅行情况。

212 让·夏尔丹（1643—1713），法国旅行家，著有《波斯与东印度群岛游记》（1686）。以后的版本直到1711年，资料更加翔实。孟德斯鸠写《波斯人信札》时曾参考过这部著作。

213 耶稣会传教士关于中国的游记收在1702年开始问世的卷帙浩繁的《有教益的新奇的书信集》中。

214 恩格尔伯特·坎普弗尔（1651—1712），法国医生，曾在亚洲游历过。主要以《日本帝国自然、文明和宗教史》闻名，该书于1729年译成法文，对开本，共4卷。

215 这里列举了卢梭所处时代最有名的学者，但值得注意的是卢梭没有提到伏尔泰。

216 巴巴利在北非，莫卧儿和贝古属印度地区，阿佤属缅甸地区，图库曼为阿根廷一个省。

217 这条重要附注证实列维·斯特劳斯的文章《让-雅克·卢梭：人类科学的奠基人》是正确的。

218 参见法译本第6章，第3～4节，布鲁塞尔，1749年。

219 卢梭在《爱弥儿》中为母乳喂养辩护，并反对把婴儿包在襁褓中的做法。

220 这一点更成为《爱弥儿》中的一项原则。在考虑训练儿童头脑之前，应先注重其生理的发育。

221 参见本书115～117页。

222 伊萨克·沃西乌斯（1618—1689），荷兰语文学家。

223 "离散"，不连续之意，参见柏拉图《理想国》，第7卷，第522d节。

224 斯多葛学派已经把自然的冲动与舆论产生的情感区分开。这条附注完全是用来驳斥霍布斯的。霍布斯以人的骄傲情绪来解释自然状态下发生的战争。

225 这个十分重要的观念说明卢梭的学说不是平均主义的平等主义。

226 《雅典最高裁判所》，第21节。

卢梭年表

–1712 年 6 月 28 日，让–雅克出生于日内瓦，父亲伊萨克·卢梭，母亲苏珊·贝尔纳，都是日内瓦公民。7 月 7 日，母亲去世。

–1713 年 狄德罗诞生。

–1715 年 路易十四崩，摄政期开始。

–1722 年 伊萨克·卢梭在一场诉讼之后逃离日内瓦。让–雅克被寄养于博塞乡村的朗贝西埃牧师家。

–1723 年 返回日内瓦。路易十五执政。

–1724 年 给一个记录员做学徒。

–1725 年 给雕刻家迪·科明做学徒。

–1728 年 逃离日内瓦。被人送到安讷西的华伦夫人家。去土伦修道院改宗天主教。在韦瑟利夫人家做仆从。为德·古丰伯爵当秘书。

–1729 年 回到安讷西的华伦夫人家。神学院学生。教堂唱经训练班的寄宿生。

–1730—1731年 暂时与华伦夫人分开。在瑞士、巴黎、里昂流浪。在尚贝里重新遇到华伦夫人。做地籍员。

–1732年 辞去地籍员职位。教音乐。

–1735或1736年 第一次在沙尔麦特逗留。

–1737年 去日内瓦旅行。后到蒙彼利埃。

–1738—1740年 被华伦夫人抛弃，孤身一人在沙尔麦特生活、学习。

–1740年 在里昂的马布利先生家做家庭教师。

–1742年 来到巴黎，向科学院呈交一份新的乐谱稿，未成功。

–1743年 第一次发表《现代音乐论》。进杜潘夫人家。攻读化学。创作歌剧《风流诗神》。给驻威尼斯大使德·蒙泰居先生做秘书。

–1744年 返回巴黎。

–1745年 与泰蕾丝·勒瓦瑟同居。成为狄德罗和孔狄亚克的朋友。修改拉摩和伏尔泰的歌剧《拉米尔的庆祝会》。

–1746年 遗弃第一个孩子，送入育婴堂。

–1748年 孟德斯鸠发表《论法的精神》。

–1749年 负责为《百科全书》提供关于音乐的条目。狄德罗被监禁于樊尚。撰写《论科学与艺术》。布封出版《博物学》第1卷。

–1750年 第戎学院授奖给《论科学与艺术》。

–1751年 围绕《论科学与艺术》展开笔战。开始他的

"道德改革"，靠抄写乐谱生活。伏尔泰出版《路易十四时代》。《百科全书》第1卷出版。

– 1752年　他的喜歌剧《乡村卜者》向国王演出。放弃国王赐予的年金。他的喜剧《纳尔西斯》演出失败，他为该剧写了一篇重要的序言。

– 1753年　撰写《论人类不平等的起源和基础》。与一些丑角争吵（关于意大利音乐）。出版《关于法国音乐的信》。

– 1754年　去日内瓦，改宗新教，重新获得公民资格。

– 1755年　发表《论人类不平等的起源和基础》。孟德斯鸠去世。伏尔泰定居日内瓦附近的德利斯。里斯本地震。

– 1756年　定居埃皮奈夫人家的隐修斋。编辑皮埃尔神甫著作摘选。发表《致伏尔泰论天意的信》。着手写《新爱洛绮丝》。伏尔泰发表《论道德的随笔集》。七年战争爆发。

– 1757年　迷恋乌德托夫人，为她写了《道德书信》。与格里姆、埃皮奈夫人绝交。定居于蒙莫朗西的路易山中的房子。达朗伯发表《百科全书》第7卷中的"日内瓦"条目。

– 1758年　发表《致达朗伯论戏剧的信》。和狄德罗绝交。《新爱洛绮丝》完稿。

– 1759年　写作《爱弥儿》。与卢森堡一家交往。《百科全书》被禁。伏尔泰的《老实人》发表。

– 1760年　与孔蒂亲王交往。

– 1761年　出版《新爱洛绮丝》。耶稣会的中学被关闭。

– 1762年　写了四封自传信给马尔泽尔布先生。出版

《社会契约论》和《爱弥儿》。巴黎最高法院查禁《爱弥儿》，对卢梭发出逮捕令。逃往瑞士。日内瓦对他发出逮捕令，他的书被焚。伯尔尼禁止他在其领地逗留。他逃往讷沙泰尔领地莫蒂埃。与元帅勋爵交往。华伦夫人去世。巴黎总主教克里斯托弗·德·博蒙颁布反对《爱弥儿》的训谕。

– 1763 年　发表《致克里斯托弗·德·博蒙的信》。放弃日内瓦公民身份。伏尔泰发表他的《论宽容》。

– 1764 年　发表《山中书简》。开始爱好植物学。科西嘉有人写信给他要求他写一部宪法。伏尔泰发表《哲学词典》，然后是反对卢梭的小册子《公民们的感情》，这使卢梭下决心写《忏悔录》。

– 1765 年　《山中书简》在海牙和巴黎被焚。牧师煽动农民反对他。逃亡圣皮埃尔岛。伯尔尼政府将他驱逐出境。接受休谟邀请到达英国。《百科全书》续篇得到当局许可出版。

– 1766 年　与休谟反目。伏尔泰和哲学家们对他发动激烈攻击。

– 1767 年　仓促离开英国。以假名逃到特里的孔蒂亲王处。出版《音乐辞典》。

– 1768 年　流浪生活。在格勒诺布尔与泰蕾丝·勒瓦瑟结婚。

– 1769 年　在多菲内的蒙坎结束了《忏悔录》的写作。

– 1770 年　经当局允许，回到巴黎。采集植物标本。抄乐谱。在各个沙龙读《忏悔录》。

－1771 年　警察总监禁读《忏悔录》。与圣皮埃尔的贝纳丹结交。撰写《关于波兰政府的思考》。莫普政变。

－1772 年　着手编订《对话录》。

－1776 年　试图把他的《对话录》手稿存放于巴黎圣母院的大祭台。在街上散发《致仍然热爱正义和真理的全体法兰西人》小册子。着手写《漫步遐想录》。

－1778 年　在爱芒农维尔，受到吉拉尔丹侯爵欢迎。5月，伏尔泰去世。7 月 2 日，猝然去世。

－1780 年　《对话录》发表。

－1782 年　《漫步遐想录》和《忏悔录》前 6 章发表。

－1784 年　狄德罗去世。

－1789 年　《忏悔录》第 2 部出版。

－1795 年　骨灰被移至先贤祠。